JN117972

島田　恒 × 濱野道雄

教会の マネジメント

明日をつくる知恵

キリスト新聞社

はじめに

　『教会のマネジメント』……ちょっと違和感のある著書です。マネジメントとか経営とかいう言葉は企業のもの、教会とは縁がないもの、という違和感です。その意味では、この著書はその違和感を正して、教会にもマネジメントが不可欠であることを明らかにし、教会がミッション（使命）をしっかりと実現することができるようその方法を示そうという試みです。

　本文でも詳しく述べますが、おおよそ組織である限り、それが有効に機能するための原理原則があります。企業やそれに付随する経営学はそれを徹底的に追求し、合理・効率、そして業績の拡大を目指してきました。そして、それが成功することによって経済は拡大し、物的豊かさや快適さが実現していったのです。私たちの国をはじめ、経済大国と言われる国々です。マネジメントや経営という言葉は企業のもの、企業の利潤拡大のためのものという誤解が生じていったことは無理もないことでした。

　しかしながら、組織は企業に限らないのです。企業のみならず、行政（国家や地方行政府）も組織で運営されており、非営利組織（利潤を目的としない組織）、そして教会もまぎれもなく非営利組織の一角を占めています。したがって、教会が目的とする使命を達成するためには、マネジメントや経営の原理原則を学び応用していくことが重要になるのです。

　第1部筆者の島田は長年、企業の営業部門に属し最も業績が数字で明確に評価される部門にいました。転じて非営利組織のマネジメント研究と実践支援に携わることになり、企業で培ったマーケティングやマネジメントは非営利組織においても通用する部分が多いことを体験

してきました。目指す目的は異なっても（企業では利潤追求、非営利組織ではミッション実現）、カネとモノを利用してヒトの働きによって成果を達成していく原理原則は組織である限り共通するところがあるからです。

　もちろん、非営利組織のマネジメントが企業のそれと全く同じというわけではありません。根本的に達成しようとする目的が異なることや、非営利組織のヒトが貢献しようとする積極的意欲は企業のそれとは大きく異なるからです。教会におけるマネジメントは決して効率を上げるための手錬手管ではありません。それは神学に裏付けられたマネジメントでなければならないからです。

　神学のないマネジメントは単に数字上の成長主義に陥る危険がありますし、マネジメントなき神学は使命達成にとっては絵に描いた餅に陥る危険があります。第1部は経営学を専攻する島田が担当し、第2部は神学を専攻する濱野先生が担当していますが、それぞれが互いに神学や経営学をも学び、上記の危険に陥ることがないように、また相互にチェックしつつこの著書を執筆してきました。軸足や視点の立ち位置が少し異なっていることをも、重層的に味わっていただければうれしく思います。神学と経営学に通じておられる、稀有な存在である濱野先生との共著の機会を提案くださったキリスト新聞社松谷社長に感謝します。第3部では二人の対談を収録し、第1部・第2部を重ね合わせ、重要個所の再確認や補足を行うことによって、全体の理解を深めていただくことを願っています。

　私たちは、教会のミッションである「宣教」を、伝道・奉仕・共同体形成を含む概念として捉え、それに基づいて神学に裏付けられた教会マネジメントの展開を、理論的・実践的に展開しています。ともすれば、高齢化や環境の困難を理由にしてマンネリに陥ったり、変革の意欲に欠けがちな状況を打破し、困難があっても前向き、むしろ困難があるから前向きに歩むことによって主の付託に応えたいものです。

教会はいつでも、会員のためだけではなく、外の社会に向かって活動しなければなりません。前進や変革のためには必ずといってよいほど抵抗や困難が伴います。それを乗り越える決意やリーダーシップも、指導者にとって不可欠になっていることも本文で明らかにしています。

　本著は、私たちの国では類書のない新しいチャレンジとなります。マネジメントは学ぶことができ、学ばなければならない、私たちに与えられた知恵であることを理解していただき、教会が付託されたミッションを活き活きと達成していくことにつながることを心から願って本著を上梓いたします。

2020 年 1 月　　島田　恒

本文イラスト　峯田敏幸

目次

第1部 教会論から考えるマネジメント

第1章　マネジメントってなんだ？　教会の誤解を解く

第2章　伝道（ケリュグマ）・奉仕（ディアコニア）の推進

第2部 マネジメントから考える教会論

第3章　リーダーとしての教職者

第3部 対談 教会の明日を考える新たな視点

第1部

教会論から

考える

マネジメント

第1章
マネジメントってなんだ？　教会の誤解を解く

　マネジメントを訳すならば、経営とか管理、あるいは経営管理ということになります。この語感は、教会にとって誤解と偏見を生じさせることになりがちです。

　「経営」というと、企業のお金儲けのためのものという誤解があります。事実、経営は企業で重視され、もっぱらお金儲けのため鍛えられてきたので、そのようなイメージが定着しているのは無理もありません。企業において、業績が悪化すると経営が悪いと言われ、経営者の責任が追及されるという常識は行きわたっています。売り上げや利益が大きく、成長していく企業がよい企業とされ、学生の就職人気もそこに集まるのです。

　「管理」というと、こまごまとした規則や取り決めに従って行動を規制するものという誤解があります。管理野球といえば、強いには強いがあまり面白味のない野球、意外性のない野球という感触です。

　経営や管理は、企業や官僚組織で用いられ鍛えられ不可欠であることは広く理解されているので、もっぱらお金儲けのためのもの・効率を上げるためのものというイメージが定着してしまっています。

　このようなイメージは、当然教会にはなじまないものです。金儲けや規制・効率ではなく、理想や自由こそ教会が大切にしているものだからです。マネジメント、経営、管理は企業のもの、教会には無縁のもの、もっと言うなら教会にあってはならないものというわけです。

組織に不可欠なマネジメント

　現在は組織社会と言われています。組織の働きによって社会が大きな影響を受けるのです。ひと昔前まで買い物は市場がほとんどで、商

店は家族経営でした。今や、市場はシャッター通りと言われ、廃れているところが目につきます。百貨店やスーパー、電器・書籍などの大型専門店、全国的規模のコンビニや郊外のアウトレットモールなどが買い物の中心となっています。メーカーでも、町工場よりも大企業が大きな影響力をもつ社会となりました。世界規模で活動できる大企業が国内の経済をもリードしています。

　本来、組織が成果を上げるための働きが、マネジメントであり、経営です。マネジメントが機能しなければ、どんな組織も十分な成果を上げることはできません。マネジメントが行われる舞台は組織です。組織が大きな影響力をもつようになった20世紀になって初めて、マネジメントが舞台の主役に登場したのです。経営学は経済学よりもずっと遅れて登場しました。組織がますます大きな影響力を発揮するであろう次世代においても、マネジメントは一層重要な役割を果たすことになるでしょう。

　教会も組織であり例外ではありません。宣教に実りをもたらす営みが工夫されなければなりません。マネジメントは、組織が目指すものを達成するために人間に与えられた知恵なのです。

経営学の起こり

　経営学は、1911年に著されたフレデリック・テイラーによる『科学的管理法』が最初のものとされています。彼はベスレヘム・スティール社など実業に身を置き、自らストップウォッチを持って労働者の仕事を分析し、どのような標準で作業すれば効率が上がるかを研究しました。彼はシュミット（仮名）という労働者を選び、標準作業に従ってズク（銑鉄）を運搬させ、その結果一人当たり平均12.5トンの実績を47.5トンに引き上げることができ、シュミットは今までと比べ60％も高い賃金を受け取ることになりました。この実績を基にして労働全体の生産性

を引き上げ、賃金も上げていくという願いを実現したのでした。

　テイラーは言います。生産性を向上させるには科学が必要で、そのためには、データを集め分析し、法則を導き出し、作業に直接役立つ方式を創り出すことが必要です。そして、その成果は労使双方にとって満足できるものでなければなりません。企業にとって利潤が拡大するというだけではなく、労働者の賃金アップと満足につながらなければ「科学的管理法」ということはできないと主張しました。「経験から科学へ」「対立から協調へ」を2本柱として研究し、実践に至るマネジメントへの道筋をつけたのでした。それは、キリスト教徒としての良心にかけた条件でした。ヘンリー・フォードが科学的管理法を用い、自動車王と呼ばれるようになったことはよく知られています。

『科学的管理法』

　産業革命以来、人々の関心は経済的豊かさに向かい、大企業が突出した影響力をもつようになりました。企業は競争に打ち勝ち成果を上げるために、マネジメントを鍛え抜いたのです。マネジメントは経済拡大の上で大成功を収めました。それらの国が「先進国」と呼ばれるようになり、科学技術の進化と同時に、マネジメント能力の進化がそれを支えてきたということができます。中小規模といえども、大企業に伍して成功を収めるためには、変化する環境のなかでマネジメントを鍛えなければなりません。

卓越した経営者の事例——松下幸之助と小倉昌男
　松下幸之助は小さな町工場から事業を起こし（二股ソケットの製造

販売）、家庭で望まれる電器製品を次々開発し、人々が安心し喜んで働く環境を整え、世界に冠たる大企業に育て上げました。彼は「経営の神様」とまで言われ、彼のマネジメントについての考え方や実行を著した書物は、今も書店の棚を大きく占めています。企業は公器、社会からお金や人材を預かって社会のニーズに応える責任があり、従業員の人生を左右する存在として企業を位置づけたのでした。どんな業種であっても、マネジメントは普遍的な原理原則をもっているものです。そしてそれは、常に努力を怠ることなく磨いていかなければならないものです。ひとたび成功しても、努力を怠ると厳しい市場競争において存在すら危うくなる事例は枚挙にいとまがありません。

　誰にも親しまれている宅急便は、クロネコヤマトの社長小倉昌男によって日本で立ち上げられました。百貨店からの受託運送を諦め（それは儲からない——儲けをもたらすほどの社会からの評価がされていない）、個人から個人への宅急便に事業の方向転換をするという思いきった決断をしました。同業者の妨害、行政の認可先延ばし、それに何よりも安定しない注文……、一方では家族の病気をめぐる小倉個人としての苦労。それにもかかわらず山積する困難を乗り越え、クリスチャンであった小倉は、新しいサービスを創り上げることが社会における自分の使命と捉え、リスク覚悟で信念をもってマネジメントを進めたのです。初日たった11個の注文であったという宅急便ですが、今や宅急便のない環境は想像できないようになり、年間40億個以上の市場に育っています。

　小倉はリタイア後、ヤマト福祉財団を立ち上げ、そのマネジメント能力を活かし、障害を持った人々が自立して働けるよう貢

ヤマト福祉財団のスワンベーカリー

献しました。深い信仰、苦難を乗り越えるマネジメント能力、その実践が小倉の人生でした。

教会とマネジメント

　教会も組織です。人間の集まりです。マネジメントは教会の果たすべき目的そのものではありませんが、目的を果たすために重視しなければならない営みです。マネジメントを鍛えることによって、与えられた使命を有効に達成していくことができます。教会は、よい目的をもってよいことをしたい、というだけでは十分とはいえません。個人や社会を変え、宣教の活力を実りあるものにするために存在しているのです。

　今や、企業のみならず、行政、NPO（非営利組織）、そして教会もまたマネジメントを活用することが重要になっています。教会にも目に見えるお金や建物が必要なように、営みを有効にするマネジメントも不可欠なものとなってきています。

　マネジメントには科学的知識も大切です。科学は信仰と矛盾するものではありません。信仰は科学によって証明されないけれども、科学もまた信仰の領域を否定することはできません。

　科学者といえば、私たちはニュートンのことを思い浮かべます。「リンゴは木から落ちるのに、月はどうして地球に落ちてこないのか」という疑問から、万有引力を発見したというエピソードが有名です。まさに科学者中の科学者、著名な科学雑誌にも『Newton』という書名が付けられています。

　彼は専門の天文学や数学の書物の2倍の神学書を蔵しており、神学者と呼ばれるほど熱心なキリスト教徒であったと言われています。事実、彼の手による神学書も世に送られています。神の意思は、聖書と自然に示されており、それを読み解くことが自分の使命であるとした

と伝えられています。科学と信仰とは決して矛盾するものではなかったのです。

専門家体質とマネジメント

　非営利組織では、医者、教育家、社会活動家などの専門家がトップの地位につくことが少なくありません。しかし、専門家としての資質とマネジメント能力とは別のものです。優れた医者が優れた院長になるとは限りませんし、優れた学者が優れた学長になるとも限りません。組織のトップであるということは、マネジメント能力が求められます。そして、マネジメント能力もまた、専門能力と同様に、学ぶことができるものであり学ばなければならないものなのです。

　司祭や牧師もまた、召命に裏付けられた専門的な仕事です。説教が素晴らしい、丁寧な牧会に定評がある、多くの人々を惹きつけるオーラがあるなど、名司祭・名牧師として尊敬を集めておられる方々もたくさんいらっしゃいます。しかしながら、同時に教会という組織をうまく運営し目的を達成していくためには、マネジメントが教会で機能しなければなりません。もし司祭や牧師が得手でないとするならば、役員・長老などの信徒がそれを補い、教会全体としてのマネジメントを健全に保つことが不可欠です。その場合でも、教会という組織のトップである司祭・牧師は、マネジメントの一部あるいは多くを責任委譲したという理解をもって、全体を把握しておかなければなりません。

　そうであれば、司祭・牧師にはマネジメントの全体像について理解し、それが教会の使命に添って成果を実現していけるようにする責任があります。み言葉を語る説教がすべてではありません。使命がどのようにすれば成果として実現していくのかを無視したり軽視したりすることは、決して責任あるあり方ではありません。目的を有効に達成し主の付託に応えるために、適切なマネジメントに責任を持つことは不可

欠なことであり、学び実践しなければならない仕事なのです。

ミッションから始まる

　教会にとって最大のキーワードはミッションです。ミッションとは、使命であり、それに基づいて実践を行っていく方向を示すものです。

　ミッション（Mission）の意味は、岩波書店『新英和辞典』では、

（1）派遣団、使節団、その使命　　（5）貧民救済組織、セツルメント
（2）在外公館　　　　　　　　　　（6）使命、天職
（3）伝道団、宣教師団、伝道組織　（7）任務
（4）伝道教会

となっています。もともと、キリスト教をまだ受け入れていないところへ出かけていって伝道するという、キリスト教にとって最も根源的な使命という意味を含んでいます。「暗黒大陸」といわれていたアフリカの状況を明るみに出したデイヴィッド・リビングストンは、探検家として知られていますが、本来の任務と関心は、アフリカという未知の地へ出かけていってキリスト教の伝道をするというものでした。

　「マタイによる福音書」の最後部はイエスの弟子たちへのメッセージで終わっています。すなわち、「あなたがたは行って、すべての民をわたしの弟子にしなさい。彼らに父と子と聖霊の名によって洗礼を授け、あなたがたに命じておいたことをすべて守るように教えなさい。わたしは世の終わりまで、いつもあなたがたと共にいる」（28章19〜20節）というメッセージです。ミッションとは、キリスト教の根源的使命を表現する言葉であることが理解されます。

　今では企業でもミッション（企業目的）という言葉が使われていますが、上記のような語源を知るなら、教会は当然その根源的意味を理

解しておかなければなりません。

淀川キリスト教病院の「全人医療」

　ミッションを明確にして社会から評価を得ている病院（非営利組織）の事例を紹介しておきましょう。

　淀川キリスト教病院は、宗教法人在日本南プレスビテリアンミッションに属する総合病院です。新幹線の新大阪駅からも近く、病床数は600、東淀川区では随一の規模です。

　この病院のミッションは、創立者フランク・A・ブラウン医師によって定められた「全人医療」という簡潔なもので、「からだと こころと たましいが一体である人間（全人）に、キリストの愛をもって仕える医療」と定義されています。健康保険制度の下でなし得る高度の医療を目指しつつ、なおかつ病める人々の心と魂への配慮をも目指そうとしています。

　病院といえば、医者のペースで医療が進められ、患者本位になっていないのが一般的でした。検査と薬漬け、データを見て患者を見ない、技術優先の延命治療など、体の治療（キュア）に集中してきました。この病院はそれを超え、心と魂への配慮（ケア）をも目指そうとしてきたのです。

　この病院には、西日本で最初に開設されたホスピスがあります。がん末期患者への全人的ケアとして開設されたホスピスは、検査や延命に徹しがちな現代医療の視点を超え、人生最後の時期を人間としての尊厳と平安をもって過ごせることを優先しています。体のことだけではなく、心や魂に配慮した文字どおりの「全

人医療」を象徴する医療です。がんの末期患者をつらい検査や薬漬けにしないで、残された人生を人間らしく豊かに過ごしてもらうことを目指しています。もちろん、最新医療による配慮がされますが、居心地のよい部屋、優しい看護師、カウンセリング、牧師によるケア、家族への配慮などが組み込まれています。死というよりは、残された生に焦点が当てられるのです。

　あるとき、もう余命が長くないと判断されていた患者が自宅に一度帰りたいと希望しました。病院としては、それが命を縮めかねないという危惧をもちましたが、あえて希望に添うことにしました。帰宅から３時間後、病変を告げる電話が鳴りました。医師が「しまった！」と思って駆けつけたときには、心臓がすでに停止していました。病院に留めておけば、もう少し生き延びられたかもしれません。しかし、家族の言葉は感謝に満ちたものでした。「先生、本当にありがとうございました。母の最後の３時間は、かけがえのない貴重なものでした。母は家族を枕元に呼び、一人ずつひと言ひと言別れの言葉をかけ、安心したかのようにこの世を去っていきました」

　病院というところは、医師、看護師、技師などの専門職が集まっています。異質のものをもった働きを一つのものにまとめていく、その中心となるミッションが「全人医療」です。その信条に合うかどうかが共通の基準であり、異質なスタッフが同一のものを目指し、それにふさわしい医療サービスを提供しようとしているのです。

　病院に限らず、教会、学校、ボーイスカウト、ボランティア活動などの非営利組織は、人間に関わり人間を変えていきます。儲けという評価尺度は当てはまりません。そこで、どうしても強固な信条がいります。それによって組織に生命が与えられます。それがまさにミッションにほかなりません。

組織の軸心

近代管理論の祖と呼ばれるチェスター・バーナードは、長年ニュージャージー・ベル電話会社の社長を務めるとともに、YMCA活動を含む数々の非営利組織の経営を支援しました。自ら「参加的観察者」として、企業組織・非営利組織を深く見つめ、およそ組織についての一般理論として著したのが名著『経営者の役割』（1938年）でした。

彼の定義によれば（専門研究者にも難解とされるのですが）、組織とは、「二人以上の人々の意識的に調整された活動や諸力の体系」です。「意識的に調整」され、「体系」であるためには、組織が向かうべき目的がなければなりません。

共通の目的を有する道徳性の高さが組織の質を決定し、「目に見えるものが、目に見えないものによって動かされる」とされています。共通の目的がメンバーに共有され、意思が統一され、貢献意欲が高められて組織が発展します。教会においては、イエスによって指示されたミッションこそ、共通の目的に他なりません。その内容に人々の理想や希望を反映しつつ、メンバーに誇りと喜びを与え、教会は発展していくのです。その精神は、「深く過去に根ざし、未来永劫に向かって」教会を存続・発展させていく基盤です。

教会のマネジメントは、ミッションを踏まえ、それを有効に実現していくために不可欠です。後に詳しく述べていきますが、ミッションを冠として掲げ、マネジメントの働きを通してミッションの実現に向かいます。ミッションの実現が教会の目指すところであり、教会の働きすべてを貫いている軸心なのです。

社会のリーダーシップ

世界に視点を向けて、社会の変動とマネジメントの進化をたどってみましょう。

　産業革命のブルジョアは、所有する財産によって地位を築いていました。組織の働きには、ヒト・モノ・カネの要素が不可欠ですが、産業革命の時代には、カネとしての「資本」が最も希少価値があり、それを提供しているブルジョアが圧倒的な社会的影響力をもち、「資本主義」を成立させてきました。カネが社会のリーダーシップの源泉となり、産業革命下のイギリスにおいて、プロレタリア階級が抑圧されていることに抗議をした学者がカール・マルクスであり、抑圧されている側に立って YMCA を設立し支援を始めたのがジョージ・ウィリアムズたちでした。同じころ、弱い立場であった消費者のための生活協同組合も生まれています。

　時代が流れ、20 世紀に入り、大量生産を武器としたアメリカが世界の主導権を握ることになります。大量生産を可能にした大企業の運営を発展させた要因こそマネジメント能力であり、アメリカで経営学が起こり発展していく原動力になりました。資本を提供していても、大組織を経営する能力に優れていなければ、業績を維持拡大することは到底望みえない環境になっています。「所有と経営との分離」が現実となり、カネの所有者（資本家）であるからといって大きな組織を自ら支配できるという時代は、もはや過去のものとなりました。日本でも大企業の経営者はマネジメントの能力によってその地位を委任されています。カネよりもヒトが優劣を決定する要因になってきているのです。

マネジメントの進化

　先にも触れたように、20 世紀の初頭テイラーが残した『科学的管理法』が経営学の最初とされていますが、その後もさまざまな研究成果が世に問われてきました。

　企業が効率を上げ業績を上げるための、いわば合理と効率を目指す

マネジメントも枚挙にいとまがないほど発表され、実務にも貢献してきました。市場における競争が激化し、大規模化する組織において、マネジメントによっていかに成果を上げられるかという実務上の要請に応えてマネジメント研究が発展しました。

　経営とは企業のお金儲けの方法・技術（スキル）である、という誤解が生まれてくるようになったことは先にも述べました。しかし同時に、組織とは何か、経営とは何か、何に向かうべきか、経営者の役割とは何か、を根源的に明らかにしようとしたチェスター・バーナード、人間の深い存在観に基づいて組織協働のあり方を提唱したメアリー・パーカー・フォレットなどの成果も、特に研究世界では決して見過ごしては通れない評価を受けています。

　そして、マネジメントを体系的に整理し、研究レベル・実務レベルの双方において、その重要性を知らしめた人こそピーター・F・ドラッカーであると言ってよいでしょう。「マネジメントを発明した男」「マネジメントの神様」とまで称されている人物です。現代社会を理解しマネジメントを深めることを願って、ドラッカーのことを学んでいきましょう。

ドラッカー・マネジメントの人気

　ドラッカーは日本でも人気の経営学者でした。著書は日本でもヒットを重ね、解説書もずいぶん刊行されてきました。30以上の言語に翻訳されていますし、ほとんどの著書は日本語に翻訳されています。人気の一つは、非常に実践的、かつ読みやすいことにあります。日本でも多くの経営者、伊藤雅俊（イトーヨーカ堂）、立石一真（オムロン）、井深大・盛田昭夫（ソニー）、小林陽太郎（ゼロックス）、飯島延浩（山崎パン）などの信奉者が、実践的成果を導き出してきました。

　ドラッカーの凄さの一つは、「企業の目的は利潤の最大化ではない」

という衝撃的主張を述べ、「企業の目的は顧客の創造」「社会への貢献」
だとしたことではないでしょうか。

　欧米の企業が専ら利潤拡大を追求するのに対し、日本的経営と言わ
れてきた企業には、そこに従業員の居場所があること（終身雇用で、
仕事を超えた共同体の要素）をドラッカー自身高く評価してきました。
ドラッカーがたびたび来日して、講演・研修等を実践してきたゆえん
です。事実、日本が戦後の焼け跡から出発し、自然資源も乏しいにも
かかわらず経済大国に成長した（現在、アメリカ、中国に次いで第3
位）背景を考える上で、ドラッカーの影響を軽視することはできない
でしょう。

　組織で働く人間を重視し、（労働力という商品として考えるのでは
なく）それを活かすことによって、業績や社会貢献をも拡大すること
のできる可能性にドラッカーも着目したのでした（反面、日本的経営
には問題点もあることは後述します。また現在は実態が変化してきて
います）。

　ドラッカーは、「企業は社会の公器」であり、経営の責任は、

　　　1．組織が目指す業績を上げること
　　　2．個人の自由を確保し、貢献力を引き出すこと
　　　3．社会一般や地域のために貢献すること

でなければならないとしています。

　おおよそ、企業であれ行政組織であれ、そして教会であれ（その「業
績」の内容は異なりますが）マネジメントの責任はこれらの要素に及
びます。

　ドラッカー経営学の深みは、その基盤になっている哲学、人間観に
あるということができます。マネジメントに大きな功績を残し、日

本企業の発展にも大きな影響を与えています。さらに、後に触れるように、企業中心社会に限界を見出し、非営利組織（教会も非営利組織の一つ）に可能性と期待を提示したドラッカーから学ぶべき点は少なくありません。現に彼は多くの教会の活性化に多大な実績を残しています。彼の住むカリフォルニアで教会のマネジメントに助言し、メガチャーチと呼ばれるサドルバック教会に貢献したことはよく知られています。いま少し、ドラッカーの深みに降り立ってみることにしましょう。

ドラッカーの生い立ちと経歴

　ドラッカーの哲学ともいえるものに踏み込むにあたって、20世紀を生き抜いた彼の生い立ちと歩みを概観しておきます。

　1909年、ドラッカーはオーストリアのウィーンで産声を上げました。父は政府の高官、華やかな文化が花開くウィーンで、両親の交友からフロイト、シュンペーターなどの名士との出会いは幼年のドラッカーに大きな影響を及ぼしました。18歳で地元のギムナジウムを卒業、ドイツのハンブルク大学法学部に入学、同時に貿易商社の見習社員となりました。

　19歳のとき、後述するデンマークの哲学者セーレン・キルケゴールの著作『おそれとおののき』

ドラッカーの生家

に出会い、自らの人生を左右する衝撃を受けたといいます。「何が起こったかを理解したのは、何年も経ってからのことだ。しかし私は、何かが起こったことはただちに知った。……何か新しい重大な次元に出会ったことを悟った」と記しています。キルケゴールの著作に接す

るため、ドラッカーはデンマーク語を学びました。いかに衝撃が大きかったかを想像することができます。

　法学博士号を取得、有力新聞の記者として、ヒトラー、ゲッペルスなどを取材、その危険性を肌身に感じ取り、批判的論文を発表しました。これがナチスによって発禁処分となり、ロンドンに逃れます。このときの経験から、ドラッカーは全体主義（ヒトラー、スターリン、毛沢東らの政治）に体質的拒絶を感じるようになっていきました。

　そしてイギリスにもいられなくなったドラッカーは、終生を共にすることになる妻ドリスとアメリカに渡り、そこで全体主義に代わる社会の可能性を経験します。それが、「自由と機能」を両立させる「産業社会」の可能性でした。そのアメリカで研究・教育・実践支援を深め、20 世紀の経営学者・コンサルタントとしての実力を積み重ねていったのです。

ドラッカーの哲学

　キルケゴールにより人生の基盤といえるものを理解したドラッカーは、さらに考えを深め、目指すべき社会モデルを提示していくことになります。

　個人も社会も機能しなければなりません。効果ある働きによって、個人の貢献があり、喜びを生み出し、社会は前に進むのです。

　ドラッカーは、優れた機能（合理性や効率性）をもってすべてよし、とはしません。社会は、向かうべき方向が価値観・哲学によって導かれることが大切です。そうでなければ、さまざまな技術や機能が人類の幸せに逆行することも生じてきます。社会は人間の幸せを願い、個人の生きざまを真に豊かにするものでなければならないからです。

　また、個人にも社会にも貫徹すべき価値観・哲学は「自由」にあるとします。社会は個人に自由をかなえさせるべく構成されなければな

らない、と。自由とは何でしょうか。彼によれば、自由とは「責任あ
る選択」です。自由とは、好きなことを何でもできること、というレ
ベルでは決してありません。人間だけに与えられた責任とは、絶対者
（神、真理）に対して、1回だけの人生に自ら責任をもって選択を行
い、各自に与えられた環境のなかで自らの人生を申し開きのできるも
の（アカウンタビリティ）とすること、だと理解できます。それが、
道を誤っていないという喜びと豊かさにつながります。

　「人間というものは誤るもの、死すべきもの、不完全なもの、孤独
なものであるということ、および自由とは真なるものに仕えるべきか、
偽なるものに仕えるべきかの選択をなす責任に他ならない」と。

　安易なあり方ではなく、人間の尊厳と責任を一人ひとりが精神的価
値判断をもって向き合うこと（キルケゴールに習えば実存的主体であ
ること）が申し開きのできる人生であり、「真の豊かさ」につながる
基盤になることを説いたのです。

ドラッカーの挫折

　ドラッカーはアメリカにおいて、自由にして機能する可能性を「産
業社会」に見出し、全体主義に打ち勝つモデルとして提示しました。
アメリカはその期待に応え、自由と民主主義を掲げ、市場経済を基盤
に世界に冠たる豊かさを実現しました。しかしながら、目に見える豊
かさを追い求める社会は、ドラッカーの期待を外れ、真の自由への視
点を薄めてしまうことになってしまいました。

　市場主義経済は、最高のシステムという自信にあふれ、「暴走する」
エネルギーを軽視してきました。ドラッカーが構想した夢ある産業社
会ではなく、それは、もっぱら利潤を拡大することが企業の目指すと
ころとなったのです。世界経済を代表するニューヨーク・ウォール街
はその典型であり、カネが最優先される世界です。ドラッカーが、産

業社会が持ち合わせると期待した人間性・社会性に対する配慮は軽視されていきます。

　ほぼ全世界が市場経済に立ち、グローバリゼーションが長期的展望において進むなかで、経済最優先は流れを早め、国家間、企業間、個人間で格差を拡げています。環境汚染、資源乱獲、企業不祥事も産業社会のユートピアを裏切ることになってしまっています。

新しい社会モデル

　このようにして産業社会の限界を認めざるを得なくなったドラッカーは、新しい社会の構想を進め、企業・行政・NPOからなる多元的組織のモデルを提唱します。特に、企業が利潤追求のエネルギーを強めていくなかで、「自由」なる社会と個人の実現のために、精神的価値と人間同士の絆を追求するNPOの存在に深い関心を向けていきます。「社会は精神的な価値への回帰を必要としている。物質的な世界を補うためではなく、物質的な世界に意味を与えるために必要としている。人は精神的な価値への回帰を必要とする」という信念と結び合わせていくのです。

　1990年、80歳にして『非営利組織の経営』を発表し、社会における重要性と、それが成果を達成していくための経営を明らかにしてい

『非営利組織の経営』　　ドラッカーと語る著者

28

きました。モノによる豊かさを過剰に追い求め、苦い副作用を生み出していく産業社会を哀しみの目をもって見つめ、自由を取り戻すよりどころを NPO に見出し、晩年には NPO に愛情と支援の目を注ぎました。NPO のいのちといえるミッション（使命）の構築、そしてそれがきれいごとに留まるのではなく、社会や人間を変えていく機関として、成果を達成していくことに深い関心を向けました。

　2005 年 11 月 11 日、変動の 20 世紀を生き抜いた巨人ピーター・ドラッカーは逝きました。誕生日の 8 日前、95 歳の生涯でした。ニューヨークタイムズは「マネジメントの権威、P・F・ドラッカー死す」と訃報を伝え、続いて「キルケゴールからゼネラルモーターズにまで及ぶ精神の旅路」を特集しました。

　教会も非営利組織（NPO）であり、ミッションをしっかりと掲げて機能し、人間に真の自由を実現させる機関です。伝道はもちろん、社会や人間に奉仕し、絆のある共同体の実現に成果を上げなければなりません。そのためには、人間の英知として与えられたマネジメントを学び活かすことが教会にとっても大切な課題なのです。

教会の本質的使命──宣教

　教会に与えられている変わらざる使命は、先にも記したように、マタイによる福音書の大宣教命令とされています。

　宣教（ミッシオ）は、よく伝道（ケリュグマ）と同義語に使われることも多いのです。イエズス会を創立したイグナチオ・デ・ロヨラの時代には、国外に対する福音の伝達を宣教と呼び、国内に対するそれは伝道と区別されていたようです。

　神学的な掘り下げは第 2 部に委ねるとして、マネジメントが機能すべき領域として宣教の内容を明確にしておく必要があります。

　20 世紀に入り、ドイツでのウィリンゲン会議（1952 年）前後から、

宣教は神が主導で世界に働きかける（ミッシオ・デイ）という考え方が登場し、教会はそのために用いられる器として役割が特定化されてきました。それによれば、教会の果たすべき役割は、

伝道（ケリュグマ）

奉仕（ディアコニア）

共同体形成（コイノニア）

であって、これらを包括する概念が宣教というものです。現在ではこの考え方が主流になっていて、日本宣教学会でもそのようになっています。

もちろんこれらは相互に深く関係していて、福音が述べ伝えられ受け入れられ、それを共有する教会ならではの共同体が奉仕や伝道に貢献するという循環、また奉仕を通して福音が受け入れられ、豊かな共同体が膨らんでいくというサイクルが生まれてくることが期待されます。

宣教はこのように、三つの働きによって担われ、相互に関連しながら進められていくと考えられます。

マネジメントの枠組み

マネジメントが使命を達成していくための体系的な知恵であるとするならば、教会は宣教目的を達成していくために、伝道・奉仕・共同体形成について有効な考え方や手法が検討され、さらにそれらが相互の関わりによって膨らんでいくダイナミズムを明らかにしていく必要があります。

マネジメントの一般的な枠組みは次の図のようになります。動力を生み出すエンジンに例えるとすれば、事業展開はエンジンの機械構造、

人材の協働と活性化はガソリン、そしてリーダーシップは起爆するプラグといえるでしょう。

図1　経営の骨組み

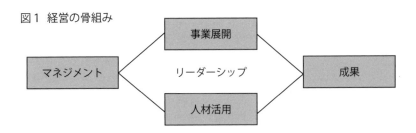

これは、企業であれ、行政であれ、非営利組織であれ、組織が目的を達成していくためのいわば共通した経営の枠組みです。ただ、企業の成果は利潤の拡大であり、非営利組織は自ら掲げるミッションの実現であり、達成すべき目的に異なるものがあります。

事業展開活動

上記の基軸に据えられているように、事業や活動を推進していくための展開が組織にとって不可欠であることは明白です。目的を果たしていくための直接的営みです。

企業でいうならば、顧客のニーズに沿った魅力ある商品を提供すること、新商品を開発して顧客を創り出すこと、顧客に届けやすい販売ネットワークを構築することなど、枚挙にいとまがない努力が必要です。自らの得手を活かし、競合企業との厳しい競争に打ち勝って利潤を拡大していく働きです。先に取り上げた事例でいうならば、松下幸之助は、二股ソケットという便利な商品を庶民が購入できる価格で販売しました。小倉昌男は、個人顧客へのサービスを期して日本で初めて宅配便という事業を起こしました。それぞれに成功を収め、有力企

業パナソニック、ヤマトホールディングスとして今日に及んでいます。組織が外に向かって働きかける不可欠な活動であり、マーケティングで代表される緊張ある働きが不可欠であることは明らかです。

　これを教会の枠組みに当てはめるならば、主に教会外に働きかける伝道（ケリュグマ）と奉仕（ディアコニア）に当てはめることができます。まだ福音に接していない、あるいは受け入れていない市民のニーズにミッションを重ね合わせて伝道活動を進めること、あるいは市民の困窮や要望に応じて奉仕者として貢献することに当てはまります。教皇フランシスコは2013年の回勅『信仰の光』の中で、「信仰は……共通善に奉仕する人間関係の築き方を照らす……わたしたちが希望の未来に向けて歩めるように現代社会を築く助けともなる」と述べています。伝道と奉仕は車の両輪、伝道によって奉仕が拡充され、奉仕によって伝道につながることが理解されます。

　企業においては、緊張ある自社の外（顧客）に向けての事業展開を怠るならばすぐにその地位を失い、縮小や破綻にまで至ることになります。それに比すれば、一般に教会は内向きに陥ることも多く、いまだ受け入れられていない市民に福音を述べ伝え、そのニーズに奉仕していく外向きの姿勢に欠けることも反省しなければならないのではないでしょうか。企業から学ぶべきことがあると思われます。具体的には、第2章で詳述していきます。

人材管理活動

　産業革命によってもたらされた経済活動の画期的拡大において、経営のための資源（ヒト・モノ・カネ）のうち、希少価値のあるカネが中心的役割を担いました。しかしながら、現代においては（資本も欠かせない資源ではありますが）ヒトが価値を創出する源泉となってきています。例えば現在、世界の富豪と呼ばれている人々はおカネから

出発したのではなく、知識から出発しています。ドラッカーが50年
も前に『断絶の時代』で指摘したことが正に現実となっているのです。
IT企業のみならず、新薬（癌治療など）開発、自動安全運転自動車
開発（IT成果も重要な役割を担いますが）など、ドラッカーのいう「知
識社会」が到来しています（これは一方で社会における格差拡大にも
つながっています）。

　いかに優秀な人材を獲得し、有効な貢献を引き出すかは企業の喫緊
の課題になっています。そのためには高い報酬だけでなく、仕事に対
するやり甲斐や人間関係における配慮も重要な対策になっています。
「ジャパン・アズ・ナンバーワン」とヨイショされていた日本的経営は、
その時代においては寝食を忘れても喜んで働き、会社に自分の居場所
を感じさせる人材管理であったということができます。

　教会は企業と異なったあり方が求められます。企業における所得や
地位による誘因ではなく、福音を共通の価値とし、受け入れた人々の
真に豊かな共同体が求められています。実に多様な人々が集い、福音
の一点において価値を共有し助け合い絆を深めている集団です。聖餐
はその典型的なサクラメントです。

　現実的には、教会も弱い人間の集団であり方向性の不一致や人間関
係のトラブル、場合によっては分裂までも生じてしまうことがありま
す。ここでも聖書に立ち返って行動することはもちろん、行動科学の
知見やコミュニティ手法を活用していくことができます。目指すもの
は一つ、世にない真に豊かな共同体の形成（コイノニア）です。具体
的には、第3章で詳述していきます。

リーダーシップ

　マネジメントの二つの基本軸は一見独立しています。事業展開に長
けた人が人材配慮にも長けているとは限りません。人材管理に長けた

信頼ある人が必ずしも事業展開にも長けているとも限りません。しかしながら、組織全体としては司祭・牧師だけではなく（教職者が説教には定評があるが牧会力には欠けが見られるという場合も当然出てきます）役員・信徒がそれぞれの得手を活かして活動展開と人的管理を充実させていくことが重要です。

その上で、二つの働きを相互に関わらせ発展させていく働きが必要です。

人々に影響力を発揮し、みんなが共同体に居場所を見つけ、喜びをもって活動への貢献意欲を高めていくことが期待され、活動が発展することによって協働の喜びや共同体としての結束が高められていくという循環が求められます。それが実現し、人々を活気づけ全体に力を与えていく働きがリーダーシップであるといえるでしょう。司祭・牧師がそのような強いリーダーシップを備えていることが期待されるゆえんです。

リーダーといわれる人のなかで、何でも自分でやってしまおうとするタイプの方が見受けられます。そうではなく、ますます多様化しなすべきことが拡がっていく状況のなかで、信徒に仕事を任せ活用しつつ、全体を把握して適切な判断と次なるアクションをしていくリーダーシップが望まれます。リーダーとは、ある意味、人に仕事を委任し、調和を取りながら全体をまとめていく働きです。

松下幸之助は、病弱もあって、仕事の権限を委譲し「事業部制」とよばれる組織活動で成果を上げました。そして同時にリーダー（社長）の責任として、「会社で一番の心配は社長がしなければいけない。それが仕事なんですわ」と語り、トップのあり方を示しました。

イエスは弟子を用いて有用な仕事に携わらせ、初代教会でも長老や執事を置いて仕事を分散させ、全体として宣教の充実を期したことはよく知られるところです。イエスは優れたリーダーシップの見本を示

されたことを理解することができます。

リーダーシップについては第3章で詳述していきます。

教会のマネジメントの枠組み

このようにして理解を進めれば、マネジメント一般の枠組み、それと類比した教会におけるマネジメントの枠組みが明らかになっていきます。

共通する原理、そして教会ならではのマネジメントの内容が明らかになっていくのです。詳細は第2章・第3章に委ねるとして、教会におけるマネジメントの枠組みは、三つの働きを基軸に次の図表のように整理することができます。

図2 教会経営の骨組み

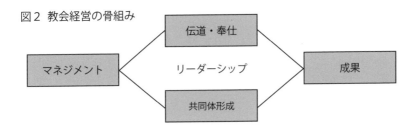

マネジメントを担う教会の仕組み

このように、教会が変わらざるミッションのもとに実りある働きを営むために、マネジメントを担う仕組みが必要です。教会においても他の組織体と同じく、必要不可欠な営みには、決定を行い、決定に基づく執行がなされ、それがミッションに適って行われているかをチェックする監査があります。

どの教派も教職者が中心的役割を果たすことは当然ですが、決定・執行・監査の仕組みや、それに伴う責任範囲や権限の範囲は異なるものが

あります。ここではあまり深入りは避けながら、基本的営みがどのような仕組みによって担われているかを、カトリック教会、プロテスタント教会一般に大別して概観してみましょう。

　それに先立って、日本の宗教法人がどのように法律的な規定のもとに置かれているかを知っておきたいと思います。

宗教法人法と基本理念

　日本の宗教法人は、法律によってその権利義務、そして運営のための諸規定を定められています。教会が宗教法人として認証されるためには所轄庁に届け出をする必要があります。その認証によって、宗教法人は法人格を取得し、いくらかの義務とともに権利（例えば税務上の特典）が認められます。

　このようにして認証されている宗教法人は約18万に上り、概数で神道系が8万5千、仏教系が7万7千、諸教が1万5千、キリスト教は5千とされています（文化庁資料、法人格をもつもの）。1千に及ぶカトリック教会では各教会は法人格をもたず、全国16の司教区単位で法人格を認証されています。

　法の基本的理念では、憲法で保障された信教の自由と政教分離が尊重され、宗教の性善説に基づき行政の干渉はできるだけ排除し、宗教法人の自主的運営に委ねることになっています。宗教法人は宗教的事項と世俗的事項の二面を併せもっていますが、宗教法人法は世俗的事項にのみ規定を限定しています（信教の内容や布教方法などについて規定を設けない。もちろん、一般刑法や民法に反する場合はその法律によって規制される）。宗教活動そのものについては法人が自主的に行うことに委ねられ、規制は設けられていません。

管理運営に関する宗教法人法の規定

　世俗的事項とは、いわば宗教活動を行うためのさまざまな業務であり、施設の維持管理、予算・決算、第三者との取引などが挙げられます。こうした活動を宗教法人法では「事務」と呼んでおり、あらかじめ所轄庁に届けられた「法人規則」によって執行されます。日本基督教団などでは、各教会は独自の法人格をもっていることが多いのですが、包括組織（例えば日本基督教団）の規則も重ねられます。

　宗教法人法では、宗教法人を代表し、その「事務」を総理して執行を行う責任者として代表役員を必ず置かなければならないことを規定しています。そして、代表役員を含む3名以上の責任役員を置き、その過半数で法人の事務を決し執行することが規定されています。

　代表役員は教職者が就任するのが通例ですが、事務の決定は他の2名以上の責任役員を含む過半数で行うことが決められています。

　宗教法人には、宗教活動に付帯する税務などに特典があり固定資産税などが免除されています。ただし、駐車場など収益目的のものは課税対象になり、寺院の拝観料についての税務につき寺院と税務署との議論が俎上に上ることがあります。

　宗教法人の事務所には書類や帳簿の備え付けも義務化されており、規則・認証書、役員名簿、財産目録、責任役員会の議事録などが挙げられています。

カトリック教会の仕組み

　上記した法律を踏まえつつ、「事務」に先行する宗教活動（これが教会の本質的活動であることはいうまでもない）を含めた決定・執行・監査の仕組みを概観したいと思います。

　カトリック教会は全世界での視野でガバナンスがなされており、教皇をトップにして、司教、司祭の3段階に簡略化されています（教会以外に修道会組織がある）。バチカン市国は独立国家でもあり、教皇の下に

政治的組織が決定・執行にあずかっています。その意向は司教会議に降ろされ、司祭に通達されていきます。枢機卿は世界中から選出されたいわば教皇の諮問機関であり、教皇を選出する機関でもあります。

図3　カトリック教会組織の概要

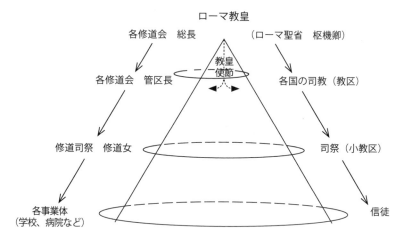

山田経三『21世紀が求めるキリスト者の生き方』(新世社、1998年)

　各司教区にある教会は、司教からの通達を踏まえつつ司祭によってマネジメントされています。各教会には信徒による評議員会が設置され、各活動を専門領域に分けて信徒が担う形になっています。プロテスタントに比べ、一般的には全体的な決定は上位から降りてきて、執行を信徒が参加的に担うという色彩が強いのも特徴です。

　各教会の司祭人事は、各個教会ではなく司教区が決定する仕組みとなっています。世界中のカトリック教会全体が一つにされ、全体として経営されていく仕組みが整っています。後述するように、プロテスタント教会は各個教会の自主性・自立性が重視されているのに対し、カト

リック教会では全体性が重視されており、いわば企業における経営システムと類似するものがあります。本質的宗教活動とその事務を含めて、組織的にしっかりした仕組みで世界13億人といわれる信徒をまとめていく存在は、広く世界中のキリスト教界の核としても貴重なものがあるということができるでしょう。

プロテスタント教会の仕組み

プロテスタント教会は教派によって大いに異なりますが、最大教派である日本基督教団の一般的な仕組みを頭に置いて概観してみましょう。

各教会は、（神学校の斡旋を受けることが一般ですが）牧師も招聘制を取っており、信徒の合意をもって招かれます。その任期もあらかじめの契約によるケースも少なくありません。教会の最高意思決定機関は会員総会であり、定期的に年1回（場合によっては2回）開催されるのが普通です。この総会で役員も選任されます。

教会の意思決定は、招聘された牧師を中心に役員会（通常毎月1回開催）において行われます。会員総会が最高意思決定機関ではありますが、現実には役員会が提示する報告や発議が承認という形で決定されていくケースが多いようです。企業における株主総会と経営陣との関係に類似するかもしれません。したがって、役員会がマネジメントにおいて重要な役割を担っています。役員は、日常から会員の状況や意見を把握して、教会内組織（婦人会、壮年会、青年会、教会学校など）の意見聴取も含めつつ、マネジメント上の決定に責任ある参加をすることが求められています。

教会内専門委員会（礼拝委員会、牧会委員会、広報委員会、講演会・コンサート開催委員会、バザー委員会など）からの答申を含め、役員会で決定された事項は執行へと進められます。役員は役員会において決定にあずかる責任とともに、執行の責任者になることもしばしばです。

　このようにして、信徒の意見を吸い上げ、自主的参加を招きながら全体の活力を拡大していくことが期待されています。

　教派の代表組織（例えば日本基督教団、各教会の「包括団体」という）の決定や意向も各教会の行動に影響はしますが、一般に各教会の自主性が優先されています。教派の代表組織もまた、各教会の代表からなる選挙で構成されています。

教会マネジメントの留意点

　決定・執行の仕組みをカトリック、プロテスタントに大別し概観してみました。聖公会は両者の中間的に位置する仕組みを採用しています。

　乱暴にいえば、カトリックは全世界の教会を視野に置いた上からの意思決定が強く、プロテスタントは各個教会主導による協議型の仕組みとなっています。この傾向は、宗教法人法でいう教会の「事務」のみならず、本質的な「宗教活動」の方向決定のためのマネジメント全体にも当てはまります。キリスト教界全体で見れば、ともすると教派独自で奔放に活動する遠心力のあるプロテスタントと、方針を確立して求心的に活動するカトリック教会が存在して調和が保たれているとみることもできるのではないでしょうか。

　決定・執行・監査という機能については、監査という機関が十分でないという感があります。現実には、司祭・牧師、役員、信徒によってなされていることですが、特別の監査機関がないだけに、直言しにくい、人間関係に微妙な影響が出る、善意のベースに傷がつく、などの理由で放置され、かえって修復が難しくなるケースも知られるところです。

　企業においては、CSR（企業の社会的責任）を維持するため、問題を提起したり告発したりする社員が不利にならないよう留意し、必要な守秘義務を関係者に課しています。教会においては、人間関係に十分留意するとともに、節目に応じて明るい雰囲気のなかで相互の注文を出し合

う機会を設けるなどの配慮が有効かもしれません。重要なことは、お互いの「信頼」を培っておくことにあると思われます。信頼があればあるほど、相互の注文や注意が人間関係を壊すことなく伝わっていくからです。深刻な問題に対処するため、上位機関（教団や教区）に監査や諸問題を扱う機関を設けることも考慮すべきでしょう。

　教会も欠けある人間の集まりです。常に謙虚に行動し、特にマネジメントの中枢を担う司祭・牧師を含む役員会（評議員会、幹事会と呼ばれるケースもある）が適切に機能しなければなりません。役割としては、（1）ミッションをいつも確かめ意識し、それに基づく成果に結びつけること、（2）司祭・牧師を支援すること、（3）社会との適切な関係を発展させること、（4）自己評価をすること、に留意しなければなりません。一般社会にも模範とされるようなガバナンスが実践されることが期待されるところです。

第2章
伝道（ケリュグマ）・奉仕（ディアコニア）の推進

　この章では、教会が外の世界に対して実践すべき働きを中心に学びます。

　教会はミッションを達成すべく召し出されているので、社会の真っ只中で福音伝道を実践し、社会のニーズや正義のために奉仕することは、教会にとって不可欠な営みであることは言うまでもありません。その本質的な核心は2000年前からの不滅のものであるとしても、それを実践する対象となる社会は大きく変動していることは誰もが知っているところです。本質的な核心としてのメッセージが現実の社会に届くためには、対象となる社会の現在を理解し、社会を形成している人間の現在を理解しなければなりません。教会は十年一日のメッセージや貢献ではなく、現実の社会や人間に鋭く届くメッセージや貢献を実践しなければならないはずです。

　伝道や奉仕が有効に働き成果をあげるためには、このような理解と実践が求められます。マネジメントにおける、目的を達成するための「事業展開」の中心的課題に位置付けられます。すなわち、託されたミッションをよりよく実現していくためのマネジメントが、強く教会に要請されているということです。

　まず、現実に対する理解のために、日本にとっても社会や個人に大きな影響力を及ぼしている「経済」をめぐる問題から始めてみることにしましょう。

産業革命のインパクト

　ジェームズ・ワットはイギリスの港町に生まれ、ロンドンで機械工として働き始め、1769年に画期的な蒸気機関を世に送り出しました。経

済や社会を変革させたこのエネルギーイノベーションこそ産業革命の幕開けでした。人間や動物の筋肉労働による生産を、蒸気機関による生産に置き換え、その生産性は飛躍的に増大し、イギリスに大きな経済的成功をもたらすことになったのです。イギリスは、農業中心から工業中心への転換がなされ、強力な経済力と軍事力をもって世界に君臨する大英帝国の地位を築いていったのでした。

　経済が社会の中心的機能となり、武力や封建的身分、あるいは学問・芸術・宗教に代わり、強力な影響力を発揮するようになっていきました。産業革命は産業のあり方ばかりでなく、社会と人間のあり方を変えていく「革命」でもあったのでした。この革命は宗教の影響力を薄め「世俗化」の流れにもつながっていくという観察もされるところです。

「経済人」の出現

　アダム・スミスは1776年、産業革命に呼応するように『国富論』を発表しました。豊富な生産物が自由放任された「市場」で取り引きされ、見えざる手が働いて社会全体を最適調和に導くというというのが彼の主張でした。人々が経済行動において自由にふるまえば、自然に理想的な社会が到来するという、現在も世界中で採用されている「市場主義」の原点というべき主張だったのです。人間は合理的に経済的利益を目指す存在だとする「経済人」モデルが考えられるようになっていきました。

　しかし、現実はスミスが期待するようにはなりませんでした。産業革命下のイギリスで、富を増やした資本家階級（ブルジョアジー）に引きかえ、労働者階級（プロレタリアート）の生活は惨めなものでした。都市の貧民層、解体する農村から都市へと流入する農民層が、過酷な条件で働かされることになりました。資本（生産に投資された財産）が経済の基礎となっている社会で、財産をもたない彼らは、市場で労働力を切り売りするしかなく、3K（キツイ、キタナイ、キケン）はもちろん、

安い賃金にあえいでいました。こうして「経済人」の自由な振る舞いは、正義を実現しないことが明らかになっていきました。階級分裂が起こり、貧富の差は大きく拡がり、社会は安定を失っていきました。

　もともと市場経済は、企業であれ個人であれ、自分の利益をテコにして行動を促すシステムです。自己利益で動かされる社会は当然問題も発生させることになります。それが産業革命下のイギリス社会の教訓です。今や世界中がグローバルスタンダードとして、市場経済一色になっていますが、私たちは市場経済が万能でないことを学習しなければなりません。経済的政治的利益を求めて、自国中心主義もはびこりだしています。

日本の戦後──焼け跡からの出発、経済大国への道

　「日本の戦後は焼け跡から始まりました……」。終戦直後を映すNHK映像番組は印象的なナレーションで語り始められたのでした。そして、ガレキと掘っ建て小屋、そして闇市で食料を漁り歩く人々の惨憺たる東京の状況を映し出しました。さらに、「こんな無意味な戦争に駆り立てられた痛恨を覚えます」と語ります。それまでの「鬼畜米英」「一億玉砕」のスローガンがあっという間に置き換えられたことに驚かされます。

　「焼け跡から始まった」日本の戦後は、アメリカの占領政策の下、民主主義が掲げられ、天皇中心国家観が退いた新しい社会の始まりでもあったのでした。「富国強兵」は「経済再建」に置き換えられ、官民一体の努力が始められました。

　1945年から10年が経過し、『経済白書』は「もはや戦後ではない」ことを宣言しました。洗濯機・冷蔵庫・白黒テレビが三種の神器といわれ、庶民の生活水準が向上、1960年には池田内閣による所得倍増計画が発表され、官民一体となった経済発展の恩恵を味わいました。資源に乏しい敗戦国が、年率10％の経済成長により7年で所得が実質倍増するという離れ業をやってのけたのでした。

強壮ドリンク CM ソングが流行っていました。

> 黄色と黒は勇気のしるし　24時間戦えますか
> リゲイン　リゲイン　僕らのリゲイン
> アタッシュケースに勇気のしるし　はるか世界で戦えますか
> リゲイン　リゲイン　ジャパニーズ・ビジネスマン

　1968年にはアメリカに次いで世界第2位の経済大国となった日本は（現在は人口10倍の中国に抜かれて第3位となっています）、いったんオイルショックや円高で成長をさえぎられるのですが、再びそれを克服し、1975年からは経済先進国としては異例の年率4％の高成長を実現していったのです。

日本的経営の貢献

　焼け跡から立ち上がり、物的資源の乏しい国が経済大国に上り詰めたのは、いわゆる日本的経営を通してヒトという資源が経済大国実現への最大の起動力になったからです。「甘え」の体質により集団の流れにドップリ漬かりやすい日本人にとって、それまでの天皇中心「国家」への忠誠は、その向かうべき対象を「会社」へと転換し、「わが社」のために懸命に働く「企業戦士」を生み出したというのが筆者の見解です。決して押し付けや命令によるものではなく、自ら進んで、喜んで働き貢献したところに日本的経営の強みがあったのです。

　今では時代遅れと言われる年功序列・終身雇用という環境のなかで、組織に守られているという意識、わが社が発展すればそのまま自分の処遇にも反映されるという現実、組織の仲間がそのまま人生の仲間であるという生活に自らを没頭させていったのでした。会社生活がそのまま自分の人生と重なり合う場所、会社仲間が友人である場所、場合によって

は結婚相手を見つける場所、人生の「居場所」でもあったということができます。「居酒屋」はいわば自分の「居場所がある酒場」であり、酒を飲めない人も割り勘負けを覚悟で入り浸った場所でした。

日本的経営の影

　土居健郎『「甘え」の構造』(1971 年) やルース・ベネディクト『菊と刀』(1946 年) など、名著とされる分析によれば、日本の文化、あるいは個人の意思決定や行動様式には、主体性の欠如が指摘されています。強力なリーダーや社風に流されて、自らの主体的判断なしに行動することが問題なのです。戦争が終わるや、「鬼畜米英」が一変したことを思い出します。会社の価値観やリーダーシップに無批判についていってしまい、不祥事にもつながる日本人によく見られる心情です。

　日本的経営は、経済的効果を発揮したのですが、反面「会社ベッタリ人間」を生み出し、個人の主体性を疎外してしまう結果につながってきました。日本経済がバブルを生み出し、以後成長の勢いが止まり、日本的経営は大きく変質してきていますが、主体性の欠如は課題として引きずっているということがいえます。会社生活のみならず、働き手のこのような心情が家庭生活・社会一般の生活においても影響を及ぼしています。

　ポピュリズムという現象が流行っています。大衆のホンネを取り出し誘導する仕組みです。かつてスペインの哲学者オルテガは『大衆の反逆』(1930 年) において「大衆とは、自分が他人と同じであることに喜びを感じる人」と定義し、「満足したお坊ちゃん」と呼んで、主体性の欠落

を悲観的に見通しました。誘導されている現実に気がつかず、社会の主役として満足度を高めている「お坊ちゃん」であるという指摘は鋭いものを感じます。

キリスト教が本人の主体的決断を要請する立場とするならば、伝道の難しさを伴うことになります。キリスト教がマイノリティである日本の現実からすれば、日本的経営によっても養われた主体性の欠如は伝道のバリアとなっているのかもしれません。

経済偏重による副作用

戦後、国民が官民一体となって経済復興に全力を挙げ、経済的成功を達成するとともに、一方では主体性の欠如を含めてさまざまな副作用がもたらされています。

経済は私たちにとって大切な働きではありますが、「あまりにも」経済に偏り、合理・効率が核となり、人間性や社会性を軽視するときに、さまざまな問題を誘発することになります。企業が飽くなき利潤の拡大を目指すとき、コストが安く、不要なときには解雇できる非正規労働者が増え（現在全労働者の4割近い割合）、日本的経営がもっていた「わが社」意識が希薄になってきています。そして、さまざまな格差が大きくなり不安感が広がっています。さらに、環境問題、企業不祥事も看過できないレベルに達していきます。

図4 経済突出社会のイメージ

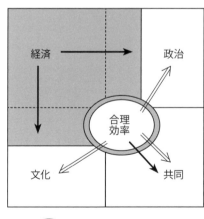

⬭ ＝社会のコア・バリュー

47

　主に「経済」の問題に絞って考えてきましたが、政治における権力志向や不祥事、憲法や民主主義、社会保障の問題など、これだけ経済的に豊かになった日本で問題が果てることはありません。人間関係をみても、マルティン・ブーバーのいう人格的関係「わたし―あなた」ではなく、利害関係に典型的にみられるような、相手を客体化する「わたし―それ」が拡がって親身な人間関係を損なってきています。スマホ依存など人工的関係が社会や個人を覆ってきている現状も懸念されるところです。

図5　人間関係の2類型

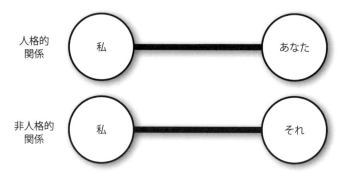

マルティン・ブーバーの所論より

　家庭を守る専業主婦層も、子育て、しかもわが子に高学歴をつけるべく学習塾に通わせ、安定と高所得を願う気持ちは上記の問題点を共有しています。仮に期待通りに進んだとしても、心底にはココロの渇きが残されることになります。目に見えるもの（to Have）だけでは、人間は本当の豊かさ (to Be) を得ることはできないからです。生活手段の優位（How to Live）の基盤に、生きる意味（Why to Live）が必要だからです。
　世界的にも、権力闘争や、人種・宗教の違いから生まれる戦争、それに伴う難民など、問題は深刻です。日本も残念ながら、それらの問題に

十分に貢献できていると言うことはできません。

日本のキリスト教悲観論と可能性

　賀川豊彦を記念する松沢資料館館長の金井新二(東京大学名誉教授)
は、「日本のキリスト教は今まさに風前の灯、絶滅危惧種であり、これ
を悲観論と批判するその人はお目出たい人である」と述べ、かつて賀川
が実践したように「助け」が不可欠であり、言葉による宣教を超えて具
体的な助けへと立ち返ることから起死回生が生まれると主張しています。
　金井は「良きサマリア人」のたとえから、半死半生の状態になって
いた旅人の脇を通り過ぎていった祭司やレビ人ではなくサマリア人に
なることを再生の必須条件として挙げています。サマリア人のような
行為(A)があって地域社会の住民たちの隣人となり(B)、結果とし
て伝道とか宣教(C)が行われると言い、日本のキリスト教は(A)と
(B)をやらないで(C)のみを求めてきたからではないかと(それを実
践してきた韓国を対照として比較しつつ)述べているのです(『雲の柱』
2019年3月)。ここでは、奉仕と伝道の一体性について語られていると
いってよいのです。信仰を個人的な魂の救いに閉じ込めてはならない、
もっとダイナミックなものであると主張されています。
　賀川は極めて知的能力の高い牧師でありました。しかしその行動は、
貧しい人々、苦しい状況にある人々、教育に恵まれなかった人々、素性
の怪しい人にもアクセスしていく実践的なものでした。知識階級中心に
広がってきた日本のキリスト教を克服していくものがあったことを学び
直さなければならないと説かれています。このような実践活動が国民の
キリスト教に対する信頼性につながっていくことになります。広がりゆ
く格差や貧困、環境、政治的・社会的正義の欠落など、問題は山積して
います。
　垂直的次元(神との関係)が失われたキリスト教は意味を失いますが、

同時に水平的次元（社会や人間同士の関係）での責任を怠るとすれば垂直的次元から発せられている責任を怠っていることになるのでしょう。

伝道・奉仕のチャンスが拡大している

　このような状況にあって、教会に期待される役割はますます拡大していると思われます。社会も個人も、経済成長の限界を知るとともに、経済がもたらしてくれる「豊かさ」には限界があることを知り、根底にある本当の豊かさへの問いかけは今までになく強くなってきているのではないでしょうか。役に立つもの、生活に便利で快適なものを追い求めるだけでは充たされない現実が感じられてきています。しかも、天皇制国家主義から会社共同体に活路を見出してきた会社人間が、今やその絆が希薄になってきているという現実があります。問題をはらむ社会のなかで、本当のものを求める意識は（たとえ潜在的であっても）拡大していると観察することができます。

　教会はこのようなニーズに応え、伝道と奉仕の実践を拡大すべき責任とチャレンジが求められているということができます。

　キリスト教のミッションが本物である限り、モノが豊かであってもココロが渇いた社会や個人に働きかけ、受け入れられる可能性が拡がっていると前向きに捉えることができます。世俗化が進む社会の真っただ中で、目には見えない大切なものを指し示すことができる環境と可能性が拡がっていると考えたいのです。

　企業環境でも「働き方改革」が叫ばれ、休日や余暇が増えています。このゆとりを、休息や娯楽に吸収されるだけではなく、ホントウの自分を見つける機会を教会が提供したいものです。ヨゼフ・ピーパー『余暇と祝祭』（講談社、1988年）が参考になります。

　「できない理由」を挙げるほうが、責任をもってチャレンジしてみるよりも楽かもしれません。でも、それでは宣教の付託に貢献することは

期待できません。

　教会はあまりにも変わっていない、変わろうとしていない、と指摘されることが少なくありません。福音は 2000 年変わらないとして、伝えるべき対象である人間や社会の状況は大きく変わっています。企業や行政の変わり方に比して教会は変わらなさ過ぎるという指摘に耳を傾けなければならないでしょう。牧師・神学者加藤常昭は、カトリック教会の第二バチカン公会議（1965 年）による教会刷新、そして新共同訳聖書における貢献を評価し、変わることのできる事例として取り上げています。学びそして変わること、日本のキリスト教界が反省しなければならないことではないでしょうか。

　熱心なカトリック信徒で経営学を専攻した小野豊明も、「カトリック教会が、世界で最も古い組織として、また、全世界に及ぶ巨大な組織として、現在にいたるまで、この世に存続しつづけてきたのは、社会に開かれた組織として、その本質を失うことなく、たえずその衣を替えていったためである」と論文で語っています。

　このように考えるとき、私たちは複雑な状況に呼応して、マネジメントを鍛え、社会や個人の要望にしっかりと向き合うことができると思われます。そうなのです。私たちは外に向かって働くことをあらためてしっかり覚えたいのです。

マーケティングという視座

　企業は、市場（マーケット）において存亡をかけた厳しい競争にさらされ、顧客の購買を獲得するための努力を絶えず続けています。それを怠れば、一時優位性をもっていてもすぐに後退が待っている現実を日常経験しています。「あんな有名な会社が……」破綻や買収の憂き目にあっている現実を経験しています。ある意味、その厳しさが成果への努力につながり、経済全体の発展につながっていることは明らかです。

　一例を挙げてみましょう。かつてフォードは自動車の大量生産に着手し、Ｔ型モデル黒一色に特化してコストを大幅に削減、誰にも買いやすい価格で市場を席巻しました。その後ジェネラルモーターズ（GM）は、所得や好みのランクに応じて、魅力的な多様なクルマを顧客に提供しました。その結果、安いけれどもＴ型モデル黒一色のみに徹したフォードを逆転して世界一の座を奪い、マーケティングの成果を実証してみせました。しかしながらそのGMも、日本車やドイツ車がどうしてアメリカで愛好されるようになったのかを理解するのに多くの時間を費やし、世界一の座を明け渡してしまったのです。

　現代の企業の成功は、基本的にはマーケティングの成否に懸かっています。そのキーワードはCS（Customer's Satisfaction）です。生産したものをいかに売るかという視点ではなく、顧客が喜んで購買してくれるものをいかに発見し、いち早く供給できるかが重要です。顧客からの出発、顧客志向への逆転こそマーケティングの原点です。大量生産を最初に確立したアメリカでマーケティングが発展したのは当然の成り行きでした。それによってアメリカは、大量生産を大量消費につなげ、顧客の要求する商品やサービスを有効に供給することによって、経済を飛躍

図6　企業の顧客志向型マーケティング

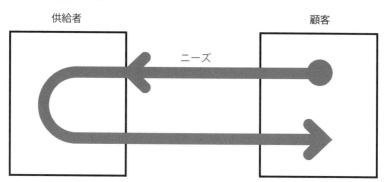

的に拡大していくことに成功したのでした。そしてアメリカは20世紀、大英帝国に代わって世界の主導権を獲得していくことになったのです。

教会のマーケティング

　マーケティングは組織目的を実現するための事業展開の基本的機能です。教会も組織であり、目的としてのミッションをもつ以上、それを推進するための機能はマーケティングに求められます。教会は、社会や人々の環境や意識を見極め、そのニーズに届くよう配慮することが必要です。言い換えるならば、伝えたい方々の現場に降り立って、その心情に応えるべく、ミッションと一体化させてメッセージを発信していくことが重要です。教会が一方的に聖書講解を発信するだけでは人々に届きにくいのです。パウロの言葉に学びたいと思います。

　「わたしは、だれに対しても自由な者ですが、すべての人の奴隷になりました。できるだけ多くの人を得るためです。ユダヤ人に対しては、ユダヤ人のようになりました。ユダヤ人を得るためです。律法に支配されている人に対しては、わたし自身はそうではないのですが、律法に支配されている人のようになりました。律法に支配されている人を得るためです。……すべての人に対してすべてのものになりました。何とかして何人かでも救うためです」（コリントの信徒への手紙Ｉ、9章19－22節）

　企業の場合は、商品やサービスを提供し、対価としての売り上げをもって商行為は終了します。教会の場合は、人々の期待に応えるだけでなく、ミッションを一体化させて届けなければなりません。ミッション実現が教会の目的であり真価なのです。人々の期待に応えるだけでは目的を実現することはできないからです（これは、教会のみならずミッション実現を目的とする非営利組織全般にも言えることです）。そして、福音のメッセージが人々の心に深く届くとき、何ものにも代えることのできな

図7　教会ミッション一体型マーケティング

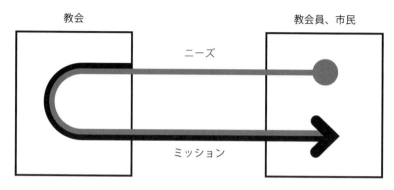

い真の満足を人々に提供することができたことになります。

　奉仕の場合も受益者の立場を考え、その要請に応えようとするところから出発しなければなりません。独りよがりであったり、まして上から目線であったりしてはいけないのです。ここでも、企業が育んできたマーケティングから学べるところが多いと思われます。

　教会が社会や人々に仕える姿勢がマーケティングに活かされ、福音の喜びが他の何ものにも代えることができない内容をもって（マーケティング用語でいえば「差別化」されて）生き生きと伝えられ受け入れられていくことが期待されるところです。

伝道・奉仕のマーケティング──その枠組み

　「教会でマーケティングなんて」と違和感を覚えられる方も多いのではないでしょうか。マーケティングといえば、何か人間を操作する手段のような抵抗感を感じられる方もおられるかもしれません。確かに、企業のやり方をそのまま教会に持ち込む訳にはいきません。神学にしっかり裏付けられたマーケティングが求められます。それは一見困難にも見

えますが、実は教会の自然体としての営みです。どんな教会も、新しく来てくださった方への配慮をしたり、高齢者が過ごしやすい環境を整備したり、CSの強化を考えたりしているはずです。教会のマーケティングは、それを体系的に整え、魅力のある教会形成を志す営みです。礼拝出席数を至上の目標にしたり、信仰を技術化するものではありません。ミッションをマーケティングの土台として据えるものです。教会はミッションを実現するために存在し、同時にミッションこそ活動が卓越したものとなる基本になるのです。教会が社会や個人に対して貢献できる源はミッションそのものであり、それが社会や個人のニーズに適合して届けられるとき、世にない喜びのメッセージとして受け入れられるはずなのです。

　例えば、市民向けにコンサートや講演会を開催しても、そこに福音の香りが届けられなければ、いくら魅力的なアーティストやスピーカーを準備しても教会としてのミッションや卓越性を訴えることはできません。福祉事業を行っていて、その働きにキリストの愛が充満するとき、公的福祉には見られない卓越性として市民に受け入れられ、場合によっては伝道につながることになります。施設が立派であったり、食事がよかったりというレベルでは、卓越性の真の源泉にはならないのです。

　まさに、ミッションのゆえに卓越性（後述する「差別化」）が発揮できることになります。教会やキリスト教主義NPOの事業展開はミッション・ベイスト・マーケティング（ミッションを強みとしたマーケティング）なのです。

マーケティングの基本的方向性──考え方・戦略の準備

　どんな組織でも理屈通りやれば、あるいは一生懸命やれば上手くいくという保証はありません。しかし、長期的にみればマーケティングをしっかりと考えて事業の発展を期待するためには原理原則があります。その

ための考え方・筋道、基本的方向性の決定が戦略（ストラテジー）と呼ばれます。

　ドラッカーによれば、マーケティング戦略は、次の三つのフェーズに基礎をおくことが有効です。それは、ミッションそのものに関わる課題でもあります。

　　　　　　フェーズ〔Ⅰ〕私たちの事業は何か
　　　　　　フェーズ〔Ⅱ〕私たちの事業はどうなるのであろうか
　　　　　　フェーズ〔Ⅲ〕私たちの事業はどうあるべきなのか

　フェーズ〔Ⅰ〕の問いはすでに述べてきた通りです。宣教の業に尽力することです。社会や個人のニーズに合わせてミッションを実現すること、そしてそれがいつも新鮮なものとしてみんなで確認し合うことが大切です。

　フェーズ〔Ⅱ〕は教会マーケティングにとって掘り下げが不足しがちなところです。「若者が来ないから」「高齢化して先細りが確実だから」という（ある意味現実を言い当てている）ことで終わっていては発展がありません。現実を掘り下げ、厳しい現実であってもそれを受け止め、フェーズ〔Ⅲ〕へ向かう認識が必要です。伝道・奉仕のための調査・予測について学びを進めてみましょう。

　フェーズ〔Ⅱ〕に役立つ方法の一つにSWOT分析が有力です。分析は教会の意思決定のための一助になるためのものです。分厚い調査資料を揃えていても、意思決定に反映するのでなければ意味はありません。だから、戦略的意思決定（フェーズ〔Ⅲ〕）に必

Strength	組織の強み
Weakness	組織の弱み
Opportunity	事業の機会
Threat	事業への脅威

要な範囲に限ればよいのです。資料も、すでに発表されている信頼でき
る文献やホームページなどの資料（想像以上に整備されている）を活用
するなどして、時間と経費を節約するのがよいでしょう。常識的にみん
なが共有している知識も有効です。重要な意思決定は、意外に、コンパク
トで大筋をしっかり捉えている調査によって成果を上げることが多い
のです。

環境調査の一助としての SWOT 分析は図8のようにまとめることがで
きます。

図8 SWOT 分析表

環境変化	機会	脅威
組織の 強み		
組織の 弱み		

　強みは、教会が成果を出すために特筆できる能力に関わります。弱み
は、それが実現できない欠けを表します。事業の機会は、教会を取り巻
く環境のなかで事業を展開しやすい機会を表します。脅威は、事業を進
める上で直面する不都合や障害を表します。強みと弱みは、わが教会内
の問題（改善は可能です）。機会と脅威は、わが教会では変えることが
難しい社会環境などです。第2部で具体例が紹介されています。

　このような客観的分析に基づいて、いよいよマーケティング戦略の最
終局面に入っていくことになります。フェーズ〔Ⅲ〕私たちの事業はど
うあるべきなのか、という重要な戦略が生まれてきます。

戦略の着眼点

ドラッカーを「マネジメントを発明した男」と称するとすれば、「マーケティングを発明した男」といってよいのがフィリップ・コトラーです。彼は企業のマーケティングから出発し、早くから非営利組織、そして教会のマーケティングにも貢献してきた実績があります。ドラッカーとも仲良しで通じ合うところも多かったのです。またドラッカーとともに、日本経済新聞「私の履歴書」を連載した日本びいきの研究者でもあります。

彼が主張したマーケティングの基本は STP です。

- Segmentation　細分化
  対象を特徴によって分割する（例えば、高齢者・壮年・主婦・青年・中高生・幼児のように）
- Targeting　選択する対象
  上記細分化された対象から、特に狙いとする分野を一つ、もしくは複数選択する
- Positioning　価値創造
  選択された対象にとって、他に代えがたい（差別化された）価値・満足を提示する価値を認められる基本的方向性の決定

以上三つの観点は、現在もマーケティングの知識として共有されています。私の教会に拡がっている機会に対して、私の教会の強みを発揮することが重要であり、有効な成果を期待できることになります。例えば、高齢者が多い地域では、平日でも出入りできる場所やプログラムを用意して高齢者の居場所になるように、高齢者でホスピタリティに優れた会員を「おもてなし係」に用いるという選択があります。学園が近い地域では、学園の教職員でクリスチャンの方がおられれば協力して、学生に安心で魅力のあるプログラムを用意するといった事例です。

58

　大阪に Blessing Church International という単立教会があります。若者の教会離れが悩みとなっている教会が多いのですが、この教会は若者の参加に焦点を合わせ、それを実現しています。筆者も平日の夕刻7時から始まる受洗者による集会に参加したのですが、50名ほどの若い世代が（中には小さな子どもと一緒の女性も目立つ）賛美を中心に盛り上がっていました。ギターやプロ級の賛美に浸っています。あたかもライブハウスの雰囲気です。賛美が終わると7〜8名くらいの輪になって話し合いがなされていました。筆者はぶしつけにも「ムードに流れ、ドロップも多いのでは……」と尋ねたところ、中野祐成牧師は「しっかり学びもしていますよ。ボッシュの『宣教のパラダイム転換』も3カ月間かけて取り上げたことがあります」と答えられました。ここには若者の居場所が備えられているように見えました。中野牧師は関西学院大学神学研究科出身、同大学で客員講師もされ、実践的な宣教について講義を担当されています。神学に基礎を据えながら、変わらざるミッションを時代の若者の関心に合わせて提供しておられる一つの事例と思われます。

　教会から発信されるメッセージは、対象となる人々にとって、魅力ある、心にしっかりと届くものになることが求められています。イエスの福音は何人にも時を超えて共有されているものではありますが、狙いとされる対象に身近に鋭く届くものでなければなりません。シニア向けの聖書解説と中高生向けの聖書解説では当然異なるものであり、その現実に自らの教会の強みを発揮して鋭く届くよう配慮されなければならないことはすぐに理解できます。参加を期待する方々に目線を合わせることが大切です。

　若者が来ない、CS生徒数が下げ止まらない、と嘆くのではなく、困難な状況の中でもそれを克服していく工夫と実践に向かいたいのです。

　日本にはミッションスクールに通う学生が30万人を超えています。しかも、回心の時期は16〜18歳が最も多いという統計もあります（『日

本宣教のこれからが見えてくる』いのちのことば社、2016 年）。教会と
ミッションスクールとの連携ももっと緊密にすることが必要であると思
われます。

　いずれにせよ、チャレンジ（挑戦）が必要です。チャレンジには困難
や抵抗が必ずと言っていいほど伴います。それに屈さないことがチャレ
ンジなのです。

教会の立ち位置──方向性と戦略

　コトラーも企業のマーケティングと教会のマーケティングのいくつか
の違いを挙げています。企業のマーケティングは顧客の満足を満たすた
めに製品やサービスを変えていきますが、教会ではそうしないというの
です。先にも述べましたが、このところは大切なところです。

　つまり、単に地域のニーズに便利に応えて人を増やしたり、教会員の
居心地を良くしようとしたりするのではない、マーケティング・リサー
チをすればそのニーズや欲求はわかるけれども、教会がそれにただ応え
るだけでは使命を遂行したとはいえません。

　本人が自覚していないかもしれない本当のニーズ、つまりその人が本
当に必要としているものと、表面的に求められている欲求は必ずしも同
じではないのでしょう。その人が表面的に求めているニーズに配慮しな
がらも、教会はその人の本当のニーズに応えることが大切です。一人ひ
とりに本当の豊かさを知ってもらうのです。福音にはそれが適切に届く
とき、一人ひとりを惹きつけて離さないものが備わっています。キリス
ト教でしか提供できないものが備わっています。

　教会のマーケティングは「2000 年変わらざるミッションを、変わり
ゆく個人や社会のニーズに応えつつ一体化させ、宣教を進めること」と
定義することができます。そして、人々に（すぐに受け入れられなくて
も）必ず届く真理があることを信じることのできる活動を教会の戦略に

据えることが大切です。

独自の強みとエキュメニカルな協働

　日本の教会の現状は、同じ地域にいくつもの教会が存在し、しかもほとんど同じターゲット（数人しかいない CS から高齢者に至るまで）に同じような伝道や奉仕を行っていることが多いようです。個別の垣根を乗り越え、CS は幼稚園がある教会に任せる、高齢者に居場所を提供するのが特徴の教会がある……というすみ分けが全体として地域に有効な伝道や奉仕が行われるということもあり得ると考えられます。あらゆるターゲットに、参加を魅力的に考えてもらえる特徴ある教会のバラエティが地域に存在して、市民が自分になじみやすい教会を選ぶことができるという戦略も検討に値すると思われます。それぞれの教会が独自の特徴が発揮できる「ウリ」をもつのです。アメリカでさえ、どんな教会もすべての人々にとって魅力ある貢献が難しいことは、コトラーも説くところです。まして規模の小さい日本の教会ではなおさらといえるでしょう。これがうまく機能するためには、地域における教会が協力するネットワークが必要になってきます。

　また、地域の教会が（教派を超えて）エキュメニカルに協働し、地域に魅力的なイベントの開催や、メッセージの告知（クリスマス、イースターに新聞折り込みを入れるなど）をして、各教会が単独ではできない、地域の人々に届く協働も有効な考え方になり得るのではないでしょうか。

　兵庫県芦屋市は、人口 10 万人弱の住宅都市です。この辺りは阪神間に広く展開するミッションスクールやキリスト教主義非営利組織が多く、クリスチャン人口も 2 ％を超えていて、芦屋市内に教会も多いのです。市内の教職者に加え、信徒が任意に集まり、芦屋キリスト教協議会（Christian Council in Ashiya：CCA）をエキュメニカルに立ち上げ、ク

リスマス、イースター等の機会には、「みなで教会へ」というフレーズで
メッセージ付きチラシの市内新聞折り込みを行ったり、春にはコンサー
ト・講演会、夏には平和への祈り、そしてクリスマスキャロルを主催し
ています。それだけでなく、各教会主催のイベントにも、市内10教会の
所在を示した地図を印刷することが推奨され、教派を超えた協働の実り
を目指しています。イベントに加え、ゴスペルサークルなど日常活動も
検討されています。研究グループを設けて宣教のための分析を行い、協
議会の次の活動や各教会への
情報を提供できるようにして
います。また、IT 開発グルー
プも設けて IT メディアを通し
て効果的な実践を試みようと
しています。

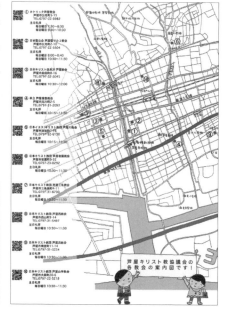

コンサートイベントの様子　　　イベントチラシ

戦略を実現するための方法——具体的手段、戦術

　戦略は方向性、考え方でした。今度は、それに基づき教会が目指す手
段を駆使して実現を図らなければなりません。いくら高邁で正しい方向

性を決めたとしても、実現できなければ絵に描いた餅になってしまいます。手段・戦術を考える四つの要素を、Pの頭文字を使って表現したのはアメリカの学者エドモンド・マッカシーでした。彼によれば、戦術を構成する要素は数限りなく存在するけれども、主要なものは次の四つのグループに分類することができると主張し、今日マーケティングを考えるための要素として広く受け入れられています。その4Pとは図9のようなものです。

図9 マーケティングの4P

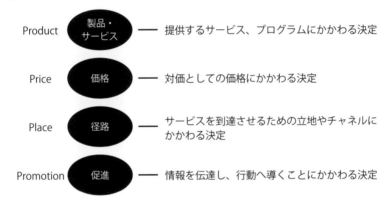

企業や非営利組織における事例を参照しましょう。

トヨタ自動車は、創始者豊田佐吉の遺志を体し「豊田綱領」をまとめ、研究・創造を時流に先駆けて注力し、華美を戒め質実剛健であることを謳っています。

クリーンで安全な商品の提供を使命とし、燃費がよく故障が少なく、広い車種をカバーして世界一の自動車生産企業としての地位を目指すことを戦略としています。欧米車によくみられる豪華さをウリにはしていません。

　戦略を実現するための手段として Product の代表格がハイブリッドであり電気自動車といえるでしょう。燃費がよく、環境を守る車で、Price も大衆需要に適う設定になっています。Place は全世界に販売網を構築、Promotion はテレビなどのメディア露出、わかりやすい優美なパンフレット、販売店による試乗の機会を提供するなど強力な展開となっているのです。

　先にも触れた淀川キリスト教病院の戦略は、ミッションに関わって「全人医療」にあります。それを具現する方法（Product）として、日本をリードするホスピス（からだとこころとたましいが一体である全人としての患者さんに、人生の最終を締めくくってもらう医療）の強化、産婦人科の充実などを旗印としつつ、毎日の朝礼拝、病床伝道、伝道放送、相談窓口の設置など、多彩な活動を提供しています。地域に健康情報を提供することも意識されています。診療費としての Price は、公的決定であるので差はないのですが、逆に懇切な医療に感謝する献金をいただくことによって、診療報酬では賄えない豊かさを余分に提供することができています。Place については、老健施設や福祉施設を有し地域との径路を拡げています。また地域クリニックとの提携を強化し、相互の研究会・情報交換を深め、クリニックからの紹介患者の拡大に努めています。Promotion は、丁寧なホームページやパンフレット・定期のニューズレター・週報の発行などがなされ、レベルの高い展開となっているのです。

　企業と非営利組織の一例を挙げましたが、留意しなければならないことは、四つのＰが戦略を実現するために調和のある方法を採用すべきことです。例えば、トヨタが超高級車をつくったとしても、それを目玉に広告を拡大したとすれば、それは質実剛健・実態ある価値と調和することはできません。

　淀川キリスト教病院が、地域に健康情報の提供を怠ったり、地域ク

リニックとの連携を軽視したりすれば全人医療の下での調和を崩すことにつながります。

このように、戦略の下、四つのＰを調和するように展開することをマーケティング・ミックスと呼んでいます。折角努力を費やしても、調和ある展開によって戦略を実現する手段にならなければ有効性が失われてしまうことに留意しなければなりません。

教会の４Ｐ

教会の場合を取り上げて、一例としてマーケティング・ミックスを示してみましょう。

ある教会で、地域の特性と独自の強みを活かして、「シニア」にターゲットを定め、教会を居場所と感じてもらい福音に触れていただくことを狙いの中核にするとしましょう。その活動がキリスト教を知らない方々にも魅力あるものであり、教会に出入りする敷居を低くする工夫が必要です。

図 10 マーケティングの４Ｐのミックス

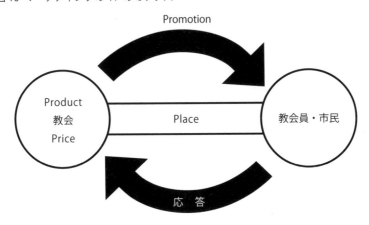

　Product（プログラム・サービス）では、参加期待対象の関心に合わせ、教養（文学・聖書・歴史・心理・社会・経済など）、実用（健康・法律・家計・相続など）、地域関連情報、エンターテインメント（映像・音楽・茶華道・ゲームなど）、今日カルチャースクールで取り上げているプログラムが参考になります。しかし、カルチャースクールとは一味異なった工夫が望まれます。プログラムが会衆の興味にマッチするとともに、ミッションメッセージを重ねて大切なことに思いを馳せてもらうことが、カルチャースクールとは差別化された魅力になることが必要です。例えば、講師はクリスチャンを選び福音のメッセージと重ねてもらう、一般にもなじみあるクリスチャン文学を取り上げる、心に響く映画やゴスペルを披露する、などの工夫が考えられます。コーヒータイムを準備してみんなで親しく話し合う（学びと親しみ）機会が楽しいものになるかもしれません。プログラムは、同種のものをシリーズで提供するか、さまざまなジャンルを組み合わせて提供するか、状況に応じた有効な結果が得られるように決定が必要です。

　Price（価格）は、教会の場合は無料になることが多いですが、プログラムを魅力あるものにするため、高くない参加費をいただいたり、茶菓費をいただいたりすることは考慮すべきことになります。継続できるための費用を確保することが望ましく、なおかつある程度の費用を負担して参加いただけるかどうかは、プログラムの魅力の判定につながります。

　Place（径路）は、教会の他、場面に応じて公共センターや会員宅での開催もあるかもしれません。また、集客のため町内会・老人会に案内する、共催する等の径路を考えることができるでしょう。

　Promotion（促進）も集客のために重要です。大々的な広告は選択できませんので、センスの良いチラシや広報物、新聞の地域情報やコミュニティペーパーでの掲載、そして何よりも口コミが力になります。IT

活用は教会全体の案内として大切です。うまく用いれば、安価な費用で大きなインパクトを生むことができます。プログラムのみならず、社会や関心ある個人への情報提供と対話が可能になります。見過ごしてはいけないツールです。

　常に情報を新しくしておくことが重要で、古い情報のまま更新されていないと反って信頼を失うことにつながります。

　ミックスされたマーケティング4Pの事例として参照してください。

　教会間の協働はますます大切になるでしょう。キリスト教系NPOとの協働・共催（場合によっては一般NPOとの協働）を実現することにより、魅力ある働きになることも考えておきたいと思います。一般社会と教会との橋渡しの役割が期待されます。

図11 一般社会と教会とのつながり

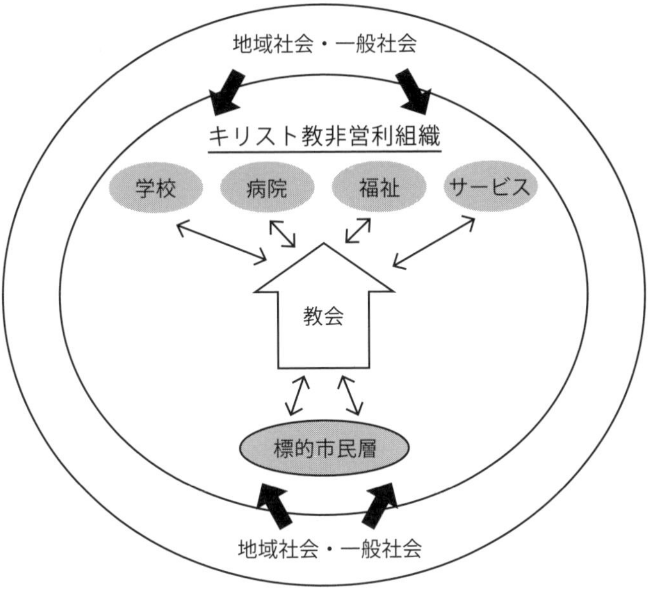

仕組みに基づく遂行

　ここまで詳しく述べてきたマーケティングは、いわば活動が成果を上げミッションが実現していくための「仕組み」です。それに基づいて「遂行」が伴うことによって初めて現実のものになっていきます。

　教会が市民にとって魅力がありそこに教会が伝えたいミッションが一体化されたイベントが設計されていても、市民をお迎えする教会員が温かく接することができなければ参加者が教会に良いイメージをもつことは期待できないし、続けて教会に来ようという気持ちはもてないでしょう。普段つき合っている信徒の行動が魅力的であるかどうかも、外部の人々が教会に足を運んでもらう上で重要なことです。キリスト教のイメージを左右します。

　トヨタ自動車がいくら優れた戦略と手法を準備して購買を期待したとしても、現実に顧客と接するセールスマンが商品の優秀性を説明説得でき、気持ちのよい対応ができなければ顧客は購買には躊躇することになるのと同様です。

　ドラッカーは、「マーケティングはセールスの仕事をなくすことである」とまで言いますが、現実にはいくら素晴らしい仕組みがあったとしても、現実に応対する実践が温かいものでなければ現実の成果を上げることは期待できないと思われます。

努力の結果を評価する

　このように、仕組みと遂行を磨きミッシオ・デイが実現していくための器として働くことが、神から促されている教会の責任であると考えられます。そのためには、努力の結果を謙虚に評価し、よりよい働きのために前進することを欠かすことはできません。

　教会や非営利組織では評価が無視されたり、軽視されたりすることも目につくところです。企業のように、金銭で客観的かつ明確に決算が出

68

てこないので、善意でやっているという姿勢だけで満足し、厳密な評価が避けられ、自らの成果に甘くなることも多いのです。

　マネジメントが企業において鍛えられ発展して成果をあげるようになったのは、厳しい評価から出発しているといってもよいかもしれません。客観的で明確な評価（例えば営業成績）は、低い成果に対しては議論の余地なく戦略や戦術、遂行方法の厳しい練り直しが要求されることになります。教会や非営利組織も優れたミッションがあるだけでは充分ではなく、ミッションにかなう成果を上げることを目指したいのです。そのためには、評価に基づいてマネジメントが鍛えられていくことが期待されます。

　教会の最終決算は、もちろん財務成績ではなく、礼拝参加者の数字でもありません。ミッションの達成です（礼拝参加者の数字が、教会の活性化やミッションの達成と相関している場合は当然あります）。マネジメントはそのために構築され、鍛えられていかなければならない働きです。

マネジメントを実践する流れ

　一般に、マネジメントを機能させていく流れ（マネジメント・フローと呼ばれます）は、

Plan(計画) － Do（執行） － See（評価）

とされ、評価からの反省を次の計画に反映させる循環とされています。

　私たちは、ミッションを重視する立場から図表のような MOSTEC の循環を考え、MOSTEC・フローと呼ぶことにしたいと考えます。

　「ミッション」が原点で、それに基づき「目標」（現実に一定期間で実現したい具体的な目あて）が設定され、そのための「戦略」「戦術」が

図 12 MOSTEC フロー

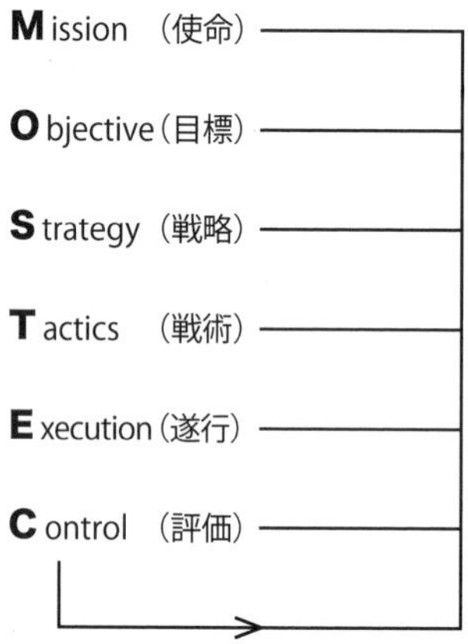

M ission　（使命）

O bjective（目標）

S trategy　（戦略）

T actics　（戦術）

E xecution（遂行）

C ontrol　（評価）

決定されていきます。その仕組みに基づき、遂行されて、結果が評価されていくという流れ（フロー）です。「目標」「戦略」「戦術」はこの章で詳しく述べてきた仕組みに当たり、計画に相当します。「遂行」が伴い、「評価」は次の MOSTEC・フローの策定のためにも大切な情報になっていきます。

　戦略の失敗は戦術では補えず、戦術の失敗は遂行では補えない、といわれています。

　先にも明らかにしたように、教会のマネジメントは、一貫してミッション・ベイスト・マネジメント（ミッションを高く掲げ、それによって目標・戦略・戦術・遂行が効果的になり、成果を目指すことのできるマネジメント）であることを銘記して「ミッシオ・デイ」の働きに参画したいと考えます。

第3章
共同体の形成（コイノニア）とリーダーシップ

教会という共同体の性格

　目に見える経済や制度を主に担当する企業や行政と比べ、価値観や
人々のつながりを核とする組織は教会を含む非営利組織（NPO）です。
目に見えるものへの偏重が指摘される現代社会にあって、目には見え
ない大切な役割が期待されている組織です。価値観については、組織
の信条としてのミッションを中心に述べてきました。この章では、人々
のつながり、共同体について考えていきたいと思います。

　学術的に「集団」を考えようとするとき、まずフェルディナンド・テ
ンニエスの名著『ゲマインシャフトとゲゼルシャフト』（1887年）のこ
とを思い出します。テンニエスは、利害ではなく自然的・本来的に結合
している（本質意志）集団をゲマインシャフトと分類し、家族・村落、
そして教会もその例として挙げています。一方、ゲゼルシャフトは利害
などを追求するため意図的に結合している（選択意志）集団として分類
し、大都市・国家、そして企業などが例として挙げられています。

　テンニエスがいうように、ゲマインシャフトは本質的に人間の絆が
基本になっている集団、ゲゼルシャフトは基本的には人間個々人は分
離していて利害や効果のために結合している集団ということができま
す。そして、テンニエスの時代でもそうであったように、現代はます
ますゲゼルシャフトが社会で影響力を強めている時代であると認識す
ることができます。それは、家族や村落による影響力が低下し、経済
や政治の影響力が強化されている（目に見えるものの領域が拡大）こ
とと重ね合わせることができます。社会学者のデイヴィッド・リース
マンが観察した『孤独な群衆』（1950年）の社会も、人間関係の希薄化・
孤独への傾斜が指摘されているところです。マルティン・ブーバーの

分析を借りるならば、「私―あなた」の人格的関係ではなく「私―そ
れ」という合理的・利害的関係が影響力を増してきているということ
は先にも触れました。人々に相互の絆が失われ、生き生きした人間関
係、安心できる居場所がなくなってきていると観察されるのです。

　このような現代社会のなかで、教会はどんな集団を形成していける
のでしょうか。血縁や地縁で結びついたゲマインシャフトが全面的に
歓迎されるわけではありません。そこには、個人の主体的な在り方が
必ずしも肯定されているわけではありません。封建的服従の世界が隠
されていることもあるのです。

　教会は、個人に主体的な決断を促し、福音を伝えていくことが基盤
です。また、教会は宣教目的を達成していくという目的をもった集団
でもあります。そのようなミッションを一人ひとりが主体的に確認し、
その下に「私―あなた」という人間の絆を有している共同体が教会な
のです。私見では、テンニエスのいうゲマインシャフトを超えた共同
体、選択意志をもちながら本質的に結合している存在ということがい
えると考えます。テンニエスが付言したゲノッセンシャフト（自由な
意志による成員により目的を共有して形成される集団。ゲマインシャ
フトとゲゼルシャフトの統合的集団）に近いと考えます。

「会社共同体」の希薄化

　かつて日本的経営における「会社」は、「わが社」として従業員全
体の経済的貢献のみならず、みんなの居場所としての共同生活性をも
つことを先に述べてきました。年功序列・終身雇用の制度のなかで、
安心して働くことのできる環境にあり、働く意欲の高さのゆえに、戦
後の荒廃から立ち直って経済大国に登り詰めた源泉にもなったことを
示してきました（同時に日本的経営の問題点をも示しました）。

　1990 年代に入ってのバブル崩壊、グローバリゼーションの拡大に

よって日本的経営の特徴は希薄化し、非正規従業員が4割に達しようとしている現状において、みんなが「わが社」意識をもつことは困難となり会社における共同性は縮小してきています。それは取りも直さず、従業員の居場所の喪失を意味することになります。業績主義が支配的となり、仕事に過重労働を強いられながら、会社仲間としての絆が薄められてきているのが現状であるといえます。

　人は一人で生きることはできません。豊かな人間関係、合理や効率を超えた人間同士のつながりが不可欠です。会社における共同生活性が希薄化し、（たとえ擬似的であったとしても）会社という居場所を失うことは人生の質を損なうことになっていきます。

　このような環境を理解すれば、今や教会は人々に真の共同体に招き入れ、宣教の課題を果たしていく機会が開かれているという前向きの捉え方ができるはずです。環境を嘆くのではなくて、環境に機会を見出し、一歩二歩踏み出すことを促されているのではないでしょうか。人々の居場所を求めるニーズに応え、そこに教会のミッションを一体化させて豊かな教会共同体（コイノニア）を実現することに踏み出したいのです。会社人のみならず、家族みんながここには自分たちの居場所があるという安心と絆のあるところであってほしいのです。

　残念ながら、現実には教会はそのことに成功しているとはいえません。独自のミッションを掲げるNPOにも期待がかかるところですが、むしろ世俗的な趣味や娯楽などに影響力を譲ってしまっているのではないでしょうか。

共同体への参加と貢献

　個人が喜んで参加し、さらに貢献しようとするためには、組織は次の二つの方法を用意することができます。近代管理論の祖とも言われるチェスター・バーナードの一般理論から学んでみましょう。

（1）誘因の方法　個人にとって貢献意欲を起こさせるような誘因を提供すること。例えば、高い年俸を保証することによって、アメリカから大リーガーを助っ人に呼んでくるような場合です。魅力の大きさといってもよいでしょう。

（2）説得の方法　同じ誘因であっても、個人個人がどう受けとるかによってそのインパクトは大きく違ってきます。ある人は会社における昇進に大きな関心を向け、ある人はそれよりも仕事自体の面白さに関心を向けるという違いがあります。同一の誘因であったとしても、個人により大きな魅力を感じてもらおうとするのが説得の方法です。

誘因の内容

バーナードによれば、誘因の方法は、さまざまな種類の誘因（一部著者付加）を提供することによって行われます。誘因には次のようなものが提示されます。

（a）報酬・物財……企業では最も基本的に用いられる誘因です。
（b）作業条件……労働日数や時間、職場の作業環境などです。
（c）社会的・心情的安定感……生活観・価値観、仲間意識・相互援助など、人格的な安らぎの感情も安定感をもたらします。
（d）全体への参加意識……自分が全体の動きに参加しているという感情です。自分の努力が全体に貢献しているという意識です。
（e）成長の確信……自分が能力的・人格的に成長しているという喜びです。
（f）威信や支配的地位……自分が影響力や支配力をもっているという欲求です。
（g）理想への貢献……個人が抱く理想実現に役立っているという思いです。働くことの誇り、家族や社会への奉仕感情、文化的価値、宗教的価値

などが含まれます。

　組織に参加して貢献意欲をもつためには、参加することによって生ずる負担を超える誘因が必要です。

　企業であれば、（a）（b）（e）（f）などが重要な誘因になるでしょう。教会では状況がまったく異なります（非営利組織でも似たような状況が観察されます）。おおよそ、物的誘因はむしろマイナスであり（献金や会費を払う）、威信や支配的地位も一般的には誘因とはなりません。何よりも、教会に連なることによる平安と喜び、そして会員同士の交流やつながりなど（g）が基本的かつ強力な誘因となるでしょう。加えて、（c）（d）（e）も重要になります。

　福音に意味を感じることのできる教会において、意味のある自らの存在感を感じられることがメンバーにとって大切なことになります。

説得の方法

　現実の教会生活においては、すべてがプラスであるわけではなく、司祭・牧師に対する不満を含め人間関係のコンフリクトなど、参加や貢献に対してさまざまな障害が存在するのが現実です。それらの障害を解決していくことはもちろん重要ですが、現実に生ずるマイナス要因にもかかわらず、主にある平安と喜び、共同体の魅力を際立たせることが大切です。

　この様子は、バーナードの組織概念を解説したポール・トーガスンの図表によってよく理解できます。図表において、ブロックの大きさは組織に参加することによって提供される誘因の量を表わしています。誘因が同じ量であっても、それがシーソーの支点からどれだけの距離に置かれているかによって、与える影響力は大いに異なります。シーソーの支点近くに大人が乗っている場合、はるかに体重の少ない

子どもでもシーソーの後ろギリギリに乗るとすれば、シーソーは子どものほうに傾きます。すなわち、シーソーの上のブロックの位置は、誘因に対する個人にとって魅力となる受け取り方（主観）を表しています。同一の誘因が提供されたとしても、個人が参加貢献に向かってどれほど動機づけられるかは同一ではないのです。

図 13　誘因のシーソー

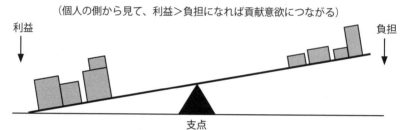

（個人の側から見て、利益＞負担になれば貢献意欲につながる）

利益　　　　　　　　　　　　　　　　　　　　　　　　負担

支点

Torgerson, 1969.　トーガスン著，　岡田・高沢訳，『C.I バーナードの組織概念』（白桃書房、1973 年）

　教会にあっては、教会に連なることによる平安と喜び（g）、そして会員同士の交流やつながりなど（c）が豊かに提供されなければならないのですが、同時にそれらを世にない価値として理解してもらう（説得）ことが大切です。これはまさに礼拝を中心とした大切な説得といえると思われます。人間関係の不満や負担があったとしても、それに勝る喜びがある魅力ある教会が求められます。その喜びが伝道や奉仕の力にもつながって、豊かな循環を実現していくことができます。

教会共同体（コイノニア）

　世にない救いのメッセージを共有し、喜んで自主的自発的に協働し支え合う集団が教会共同体に他なりません。その現実の秘跡が聖餐で

あり、主の恵みを共有する仲間としての教会共同体の象徴と位置づけることができるでしょう。聖餐は「コミュニオン」とよばれ、コイノニア、コミュニケーションとも通底する言語となっています。

イエスは最後の晩餐でパンを裂いて弟子たちに与え、杯を取り上げ「これを取り、互いに回して飲みなさい」と言われ、「わたしの記念としてこのように行いなさい」と言われています。イエスを救い主として受け入れ共有する者が受け継ぐべき共同体としての原型がここに秘められているということができます。ここにこそ、世俗を超えた平安と喜びを見出し、みんなが支え合い、それぞれが人生の真の居場所と感じることのできる共同体があるということができます。

障がい者と生活を共にし、ラルシュ（箱舟）共同体を創ってきたジャン・バニエは、「共同体はイエスの下にある喜びと祭りの印である。祭りは役者や音楽家が観客を楽しませくつろがせる。祭りにおいてすべての者は役者であり、観客なのである。一人ひとりの者が参加しなければ真の祭りとはならない」と述べています。教会共同体においては、共に主と仰ぐイエスの下に、喜んでみんなが自主的に参加してほしい場所なのです。

しかも教会はいつも開かれた共同体でなければなりません。真の居場所のある親しい共同体であるとしても、「メンバーだけの共同体」になっていて新しく加わることができ難い教会が結構あるのではないでしょうか。メンバーの親しさが反面、新しい方々へのバリアになっているケースです。

それらの方々を迎えることによって新しい風を受け入れ、教会が前向きに変わっていく刺激になることも期待できます。

2019年8月の宣教学会基調講演で、東北被災地で活動しておられる幸田和生司教が被災地で聞いた声を紹介されました。「震災の前、教会というのは特別な人たちがお祈りに行く場で、地域の人にとって

は何の意味もなかった」と。司教は、一緒に泣いたり笑ったりしながら、特にキリスト信者でない人々とともに生きていくこと、地域に生きる開かれた教会の重要性を語られたのでした。

「牧会」の展開

　このような共同体形成のための主な展開は「牧会」に関わっています。牧会とは、教会という集団とメンバー個人の双方への働きでしょう。羊の群れ、そして1匹1匹の羊に対する配慮が対象となります。「牧会学」という専門研究も発表されています。

　現実的には、会員や求道者をよく知って配慮を深めること、福音的な指導・教育をすること、悩みや相談ごとに適切な解決やアドバイスを提示すること……、さまざまな問題に対処することになるでしょう。あまりの負荷に、司祭・牧師自身が対処しきれなくて落ち込んでしまうケースも少なくないと聞きます。

　司祭・牧師といえども、すべての問題の専門家ではないことを知り、関係する専門家を紹介する（例えば、メンタルな病に対する専門医）、限界は明らかにして専門機関に行ってもらう（例えば、行政機関や福祉機関）などの対処が必要になると思われます。そしてもっと大切なことは、信徒との協働です。役員が牧会に協力すること、会員同士がお互いに交わりの中で助け合うこと、司祭・牧師とメンバーとの協働、いわばみんなで担う「相互牧会」が大きな力になるでしょう。みんながフォーマルな集まり（例えば、婦人会や壮年会）で情報交換や支援を行い、インフォーマルな集まり（例えば、仲良しグループ）のなかでも同じような働きが考えられるところです。それはまた、伝道や奉仕にも大きな力になっていくと期待できるものです。

　礼拝出席30人ほどのファミリアサイズの教会ならできるとしても、教会規模が大きくなったらむずかしい。それでもみんながお互いに知り

合い、情報を交換し助け合うことで可能にしていくことが教会共同体にとって大切なことです。会員が司祭・牧師とだけ交流をもっているのでは心許ない状況です。アメリカの会員1万人を超すメガチャーチでは、フォーマル・インフォーマルにわたる小さな規模の牧会が緊密に実践されていると聞きます。

とはいえ、司祭・牧師の役割は重要です。他に変えることができない「説教」において、キリストの体である教会とメンバーのあり方に触れていることが決定的に重要とされています。そして、礼拝自体がコイノニアであることの実体験であるとされています。カトリックや聖公会で聖餐が特に重視されていることが理解できます。

『キリスト教年鑑』（キリスト新聞社、2016年）による調査では、プロテスタント約40万人の内、34%が別帳会員であるということです。せっかく信徒になってもこれだけ多くの人がこぼれていく状況を軽視することはできません。本人の信仰の問題が問われるだけでなく、教会の共同体形成にも問題があると思われます。牧会の大切さをあらためて思わされるところです。

コンフリクト（葛藤）の解決

このような教会共同体の理想形が示されているとしても、私たちの現実は、残念ながらその実現が容易であるとは決して言えません。信徒同志の人間関係がうまくいかない、司祭・牧師と信徒との間にさえ隙間ができることは見聞きするところです。考え方の違い、人間関係における相性のズレなどは、教会共同体を破損する現実があります。初代教会ですら、ペトロとパウロの論争や応酬、私は誰の側につくといった仲間同士の葛藤があったことは聖書にも記されているところです。こうした人間の限界は、教会のなかでも現実であることを否定することはできません。

　教会にいるのは立派な人々ばかりではなく、弱さがあるから集う、欠けのある人間の集団である、ということもできます。そこには人間同士の意見の違いや葛藤も当然存在することになります。

　思想家のメアリー・パーカー・フォレットは、組織において生ずるコンフリクトの解決に対して、学ぶべき方法を提示しました。彼女によるコンフリクト解決の処方は大きく二つあります。

　一つは「状況の法則」といわれるもので、関係者に問題を取り巻く状況をしっかり説明し、事実を正しく理解してもらうことです。そのことによって誤解や偏見を排し、大きな視野で何が正しく、どうあるべきかを、誰かに命令・指示されるのではなく、それぞれが自主的に受け止めることを目指します。自分が客観的に状況から判断し（誰かに命じられるという抵抗感はなくなり）、いわば状況から自らの判断で指示を受ける（なすべきことが示される）という民主的な方法です。著者は企業で営業を担当していた時代、部門別の実績が明示されました。私の部門の低調な状況が事実として示された場合、上司に叱責されるのではなく、自主的に状況を理解し自らのマネジメント体制を再検討する気持ちになります。自らが判断、体制の変革を期することで、プライドを大きく損なうことなく、エネルギッシュに状況に立ち向かうことができたのです。

　二つ目の法則は「統合の法則」と呼ばれるものです。解決に、強制や妥協を強いるのではなく、両方の主張が活かされて場合によってはウィン・ウィンが成り立つ（統合される）という方法です。小さな例ですが、礼拝後に提供するサンドイッチランチの値段の付け方で、仕入れ@ ¥300に対し教会の積み立てを考え@ ¥350で提供したい考えの方と、教会だから@ ¥300以上は負担感が強く仕入れ値のまま@ ¥300で提供すべきだとする考えの方と意見が別れる場合があります（このような些少なことが結構人間関係のコンフリクトを生むことがありますね）。このような場合、みんなで協力して@ ¥250で仕入れることのできる商品を探し

出し@￥300で提供し、両方の主張が充たされるというやり方です。う
まくいけばみんなでよいサンドイッチを見つけたという満足感が生じ、
なおかつ@￥300で提供しながら教会積み立てを得ることができるとい
う統合が成り立ちます。

　これらの法則ですべてのコンフリクトが解決できるとはいえません
が、何が正しいかという理解を客観的に共有し、お互いの意見を尊重し
つつ適切な解決を見つけていくという方向が大切です。

図14 解決の三方法

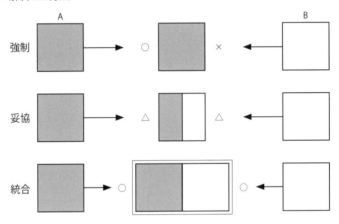

リーダーシップとは何か

　リーダーシップについての議論は、組織にとってヒトが重要な要素で
ある限り、企業はもちろん行政でも教会でも共通する重要なものがあり
ます。司祭・牧師にとっても最も大切な働きの一つといえるでしょう。

　そもそもリーダーシップとは、リーダーがメンバーに対して実現して
いく影響力、もしくは指導力ということができます。メンバーがリーダー
の影響力を受け入れ（無意識のことも多いのです）、喜んで教会の営み

に貢献する現場が生まれてきます。教会がミッションを推進し、伝道・奉仕の営みを活発に行い、内部ではよい共同体を創造していくために不可欠な働きということができるでしょう。優れたリーダーシップによって共同体から生み出される活動が活発化され、活発な活動とそれがもたらす成果によって共同体の結束がさらに深まっていくという好循環が期待できます。伝道・奉仕の営みがエンジン機構であり、人材の貢献がガソリンに例えるとすれば、リーダーシップはいわばプラグとして点火し、エンジンを強力に駆動させる働きであると先にもたとえました。

　優れたリーダーシップ（原因変数）は、組織によい風土・モラール・やる気（媒介変数）を生み出し、ミッション達成に結実（結果変数）をもたらします。リーダーシップについて経営学としても古くから多くの研究がされてきたゆえんです。

図15　3変数の流れ

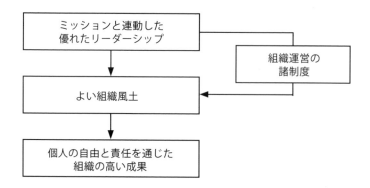

リーダーシップについてはさまざまな議論がなされてきています。これらの議論をまとめた結晶として次のように学ぶことができます。

　リーダーが影響力を発揮するためには、事業を維持発展させる能力とヒトに対する配慮能力の二本軸が重要です。これは先に図示したマネジ

メントの総合能力と重なり合います。すなわち、マネジメントの総合能
力が優れているということはリーダーシップも優れたものとなり、リー
ダーシップが有効に働いているということはマネジメント能力も優れた
ものがあるということになります。もちろん誰にも満点ということはあ
り得ません。しかしリーダーシップの影響力によって、伝道・奉仕の営
みと共同体形成の優れた貢献力を一体のものとして相乗的に拡大発展さ
せていくことができるのです。

　心理学者の三隅二不二（み すみじゅうじ）は事業維持発展行動を Performance（P）、人
間配慮行動を Maintenance（M）と分類し、多数の実証データを蓄積
して P M の得点が高いほどリーダーシップ効果が高いことを立証し、
P M 理論として発表しています。それぞれの得点は、リーダー本人の
評価ではなく、部下（場合によっては同僚、上司）の匿名評価の結果で
評価されます。

　例えば、P 得点の評価は「目標達成の計画を綿密に立てている」「そ
の方針を分かりやすく説明している」「適切なアドバイスをしている」「新
しいものに挑戦しようとする意欲をもっている」などで構成され、M 得
点の評価は「メンバーの立場を理解し支持している」「意見に真剣に耳を傾けている」「相談ごとに気軽にのっている」「公平に扱っている」などによって構成されます。

P 得点と M 得点の評価は必ずしも相関しません。そこで、三隅は個人のリーダーシップ特性を判断するため図 16 のような基準を示しました。P 得点と M 得点の評

図 16 リーダーシップ PM 類型

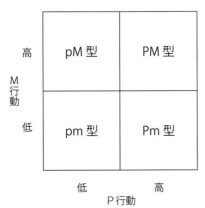

価が共に高い場合はＰＭ（影響力の高い優れたリーダー）、Ｐ得点は高いがＭ得点が平均値より低い場合はＰｍ（業務能力に優れるも人間配慮が劣る。鬼軍曹型。）、逆の場合はｐＭ（お人よしで好感をもたれるが業務遂行能力は鋭さに欠けるタイプ。日本に多い）、どちらの得点も劣るのはｐｍ（魅力が劣る。昼行燈タイプ。）としています。

　ＰＭタイプの目指すべきことはこの理論の示唆するところですが、組織として考える場合、複数リーダーが補い合って全体のリーダーシップを水準の高いものに保つことも考えられます。例えば、司祭・牧師が優れたミッション行動案を提示する（Ｐ行動が高い）けれども、信徒には少し要求水準が高過ぎて不満が出るという場合、役員がそれを（Ｍ行動を用いて）補正して教会全体としてのリーダーシップを高いものにする（司祭・牧師と役員が逆の役割を担う場合も想定されます）ことが期待できます。

　リーダーシップ理論は、経営学にとって非常に重要な研究として実に広く議論されてきています。ブレーク＆ムートンは課題達成軸と人間配慮軸を１〜９までの評価点を設定し、最も優れた９・９型、最も劣る１・１型に分類しています。三隅理論と基本的に同じ考え方の理論です。

　その他、欲求５段階説に基づくマズロー理論、人間への信頼に基づいて行動を促すマグレガーの理論、メンバーの成熟度などによってリーダーシップスタイルを変えていくフィードラーたちの理論……、多くの理論に接することができます。しかし、上記で紹介したＰＭの二軸を考慮した理論を基本とし、いくつかの見逃せない理論を学んでおきたいと思います。

リッカートの参加型リーダーシップ

　レンシス・リッカートは、ミシガン大学での研究を踏まえて実践的な協働システム論を展開しました。それは人間を基本的に信頼するサイド

に立って、人間の自主性と可能性を最高度に発揮させようとする理論です。

　リッカートは組織の状態（風土と呼ばれ、活性度です）や成果は、マネジメント・リーダーシップのあり方によって左右されていくといいます。彼はそのパターンを四つに分類し、

システム1　独断的専制型
システム2　温情的専制型
システム3　相談型
システム4　参加型

と名付け、システム1がもっとも拙劣で、システム4が最も完成されたパターンであることを理論づけ、実証しました。

　リッカートによれば、システム4が有効に機能するためには、次の三つのコンセプトをもったリーダーシップが発揮されなければならないといいます。

（1）お互いの支持関係が強いこと
（2）メンバーの参加による意思決定が重視されること
（3）高い業績目標をもっていること

　ここに見出されるシステム4のキーワードは「参加」です。教会には人間による所有というものはありません。皆がミッションに共感して働く仲間として、お客様ではなく参加者として交流し貢献することが期待されているのです。

　上智大学経済学部教授であった山田経三神父は、「各自の能力に応じて互いに分かち合い、協力し合いながら自らの役割を全うする共同体」

として教会を位置づけ、リッカートのいうシステム 4 が堅固な基盤になるとしています。

　筆者はかつて、リッカートが指導したミシガン大学社会調査研究所（Institute of Social Research）を訪ねたことがありましたが、そこにはリッカートの遺産を活かしたかのごとく活気が感じられるものがありました。

サーバント・リーダーシップ

　リーダーはサーバントであるべき、という主張は AT&T アメリカ電話電信会社マネジメント研究センター長を務めたロバート・グリーンリーフによって提唱されました。敬虔なクエーカー教徒であったグリーンリーフは、メンバーに対して、傲慢になったり、上から目線で指示するのではなく、むしろサーバントの気持ちでメンバーを支えることを提唱したのでした。リーダーはメンバーに対して「尽くしたい」「奉仕したい」という気持から始まるべきだとしています。もちろん、リーダーの責任である組織全体の意思決定や行動を放棄するものではありません（もし放棄してしまえば、まったくの召使となってリーダーとしての責任を全うすることはできません）。ミッション実現への方向性を自らの責任で決定した後は、それを実践する第一線のメンバーのサーバントになった気持で支えていくというリーダーシップ哲学です。

　これを競争が厳しい企業経営において実践に移したのが、東京神学大学を卒業し株式会社資生堂に入社、社長、会長に登りつめた池田守男でした。池田は「ミッション、ビジョンの共有がサーバント・リーダーシップ実践の前提」としてトップの責任を明確にしつつ、その執行においては顧客と向かい合う第一線の美容部員を大切にして支えていくのが上層部の仕事（いわば逆ピラミッド）と考え、実践しました。

　ある日、池田が社長室のデスクに戻ろうとして、デスクに広げてあっ

たピラミッド型の組織図が反対側から見ると逆三角形になっているのを見て「これだ」とひらめいたというのです。「イエスが弟子の足を洗ったという事実は、上の地位の者が下の者を支えるという考えと、まったく同じではないかと思い至った」と記しています。池田はこの哲学によって、在任中立派な業績をも残したのでした。そこには社員の池田に対する信頼が生まれていたと思われます。メンバーにとって、自らのリーダーが「信頼できるか否か」はリーダーシップの発揮において重要なテストになります。信頼がなければ、人が喜んでついていくことは期待できません。

　サーバント・リーダーシップには教会が学ぶべきものがたくさんあると思われます。

ミッションの重要性、そしてミッション・ベイスト・マネジメント

　第1章で取り上げたチェスター・バーナードのメッセージをもう一度味わうことにしましょう。

　バーナードによれば、組織とは、「二人以上の人々の意識的に調整された活動や諸力の体系」です。「意識的に調整」され「体系」であるためには、組織に向かうべき共通の目的がなければなりません。共通の目的が有する道徳性の高さが組織の質を決定し、「目に見えるものが、目に見えないものによって動かされる」のです。教会にとって共通の目的こそミッションに他なりません。ミッションの存在と実践が「深く過去に根ざし、未来永劫に向かって」組織を存続させていくことになるのです。ドラッカーのいう「非営利組織の原点はミッション」という表現も同じことを伝えているということができます。

　このようにして学ぶならば、教会にとってミッションとは、その存在目的であると同時に、共同体の形成やリーダーシップのために不可欠かつ促進の軸心となる役割をもっていることがわかります。伝道活動・奉

仕活動の軸芯であるように、共同体の形成やリーダーシップを育んでいく軸芯でもあることがわかります。

　マネジメントで重要な課題は、理論ではありますが、結局は理論を含むアート（芸術的・価値的営み）ということになります。

　教会のマネジメントは、ミッションが目的であり、ミッションはあらゆる活動の軸芯として存在しています。マネジメントが有効な役割を果たし、ミッションの実現が可能になっていきます。まさに、教会のマネジメントとは、ミッション・ベイスト・マネジメント（ミッションに基づいて一貫するマネジメント）であるということを再確認したいと思います。

第4章
活動評価と未来への計画

教会活動の評価

　活動評価は、企業で言えば「決算」となりますが、非営利組織や教会にはなじまない言葉です。企業では、売上や利益という業績によって評価がされます。これは客観的な数字であって誰にも納得がいく評価です。この数字がよくなければ経営が間違っているとされ、場合によっては経営者のすげ替えが行われます。企業では「所有から経営へ」と移り、財産所有ではなく、業績を上げることのできる経営者のマネジメント能力が問われているのです。

　教会では、礼拝出席者数や献金額といった客観的な数字で正しく評価することはできないでしょう。ミッションの達成という目的はもっと深い内容を含んでいるからです。一方、礼拝出席者が増加している場合、教会の活気も出てきて宣教の働きがよく果たされているということにも気づくことがあります。「量」と「質」が比例するかのように宣教がよく果たされているという望ましいケースも見過ごすことはできません。正しく（あるいは厳しく）歩みを評価することが教会の活力につながることが期待されるところです。

教会の失敗

　企業や行政に失敗があるように、非営利組織、教会にも失敗が避けられません。それは、組織のもつ本質的限界であり、欠ける人間の営みに起因するものです。

　教会は「甘え」が多くみられるところです。第1章でも触れたのですが、精神科医の土井健郎が『「甘え」の構造』（弘文社、1971年）において指摘するように、甘えは日本人の特徴的な傾向で、人間関係の潤滑

油になるという反面、互いにもたれあい甘え合ってなれ合いに陥るという問題です。それによって、司祭・牧師に過度に依存する（面従腹背のケースもある）、軋轢を恐れて教会や人間関係の問題を突き詰めて議論しない、自己満足になる、非効率になる、といった弊害を生み出すことがあります。

　また内向きになって、外に向けた伝道・奉仕が置き去りにされる、自分の教会のことだけに関心が向き、地域や教区・教団の協働に関心を向けない、なども失敗の現象だといえるのではないでしょうか。

　このような失敗を少なくしていくためにも、定期的に自己評価をしてみることが必要になると思われます。自己評価を適切に実施して、関係者に説明責任（アカウンタビリティ）を果たすことにもなります。

バランスト・スコアカードの視点

　企業であっても、非営利組織や教会であっても、すでに終わった評価ができていたとしても、その反省に基づいた次への計画というサイクルは必ずしも実行されていません。本来、評価は次への計画に活かされてこそ意義が深まるはずです。ドラッカーの言葉を借りるならば、「自己評価は善意と知識を効果的な行動に変えることができ、また変えなければならない。しかも、来年でなく、明日の朝に」（ドラッカー／スターン『非営利組織の成果重視マネジメント』）。

　このような問題に応えるべく、キャプラン＆ノートンはバランスト・スコアカードを提唱しました。企業が目指す利潤拡大を最終目的として、損益計算というすでに終わってしまった数字ではなく、未来に向けてどのような評価ができるのか、潜在力はどれほどあるのか、可能性と努力の方向を見つけ出していこうとするものでした。

　マネジメント全体に評価を行い、チェックと次への課題を計画に埋め込むための動的な試みです。具体的には、利潤拡大を最上位に据え、そ

れを目指すための「財務の視点」(資金調達の安定性、売上高利益率など)、「顧客の視点」(取引先からの信頼度、取引額の推移など)、「内部ビジネスプロセスの視点」(競争に勝ちうる卓越した機能、新規商品の創出力など)、「学習と成長の視点」(人的能力の確保、人材の成長など)の四つの視点から評価し、将来も利潤を拡大していくための評価をしようとするものです。四つの視点にはそれぞれ具体的数量的計画が埋め込まれ、それによって過去の実績を評価し、チェックによる反省を加えてダイナミックに次の計画を作成します。

　短期的な業績にとらわれがちなアメリカ企業に対し、キャプランは

図17 企業のバランスト・スコアカード

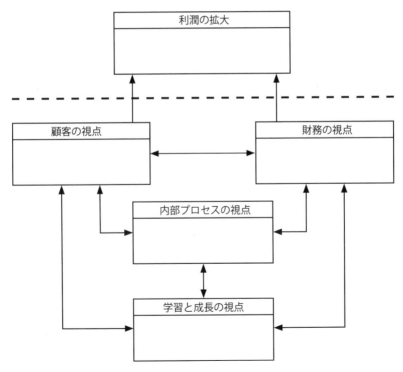

ハーバード大学ビジネススクール教授であった20世紀末、有効なマネジメントシステムを提唱しました。「バランスト・スコアカード」は、まさに「バランスの取れた」「多方面からの評価・分析」ということができるでしょう。

教会に応用するバランスト・スコアカード

　キャプランらは企業における経験を経て、バランスト・スコアカードを非営利組織に応用することを考えました。財務上の成功を最上位に置く企業と異なり、非営利組織ではミッションの実現を最上位に据えるこ

図18 教会のバランスト・スコアカード

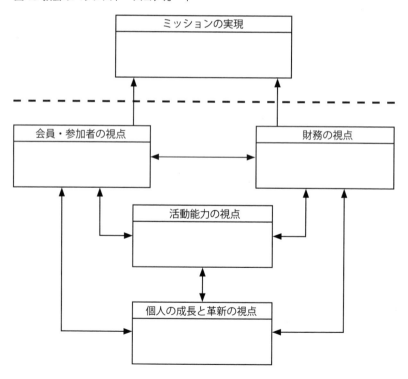

とになります。その上で、それを持続的に可能にする要素を「スコアカード」として注目することになります。彼らは病院や研究所における事例を紹介し、その有効性を記述しています(『キャプランとノートンの戦略バランスト・スコアカード』東洋経済新聞社、2001 年)。

これを教会に応用し、バランスト・スコアカードを作成するとすれば、図 18 のようになると考えます。

　内容としては、

「ミッションの実現」　　　…下位四つの視点による客観的評価を参照し、伝道・奉仕・共同体の実現がどれほどできたかの評価。司祭・牧師、役員、各種委員などによる主観的判断を加えてよい

「会員・参加者の視点」　…会員、求道者、その家族や友人、近隣の市民などからみて教会に連なることの満足度、親しみ、敷居の高さなどはどうか

「財務の視点」　　　　…教会活動を維持し発展させるための財務基盤はどうか

「活動能力の視点」　　…教会活動を維持し発展させるための特筆できる能力はどうか

「個人の成長と革新の視点」…メンバーの能力的・心理的・霊的成長、活動すべきことを前向きに捉える風土はどうか

などが挙げられます。

　これらの視点は、「計画─実践─評価」という PDS 管理サイクルで実施することが望ましいのです。毎年(あるいは 3 年といった期間でもよいのですが)バランスト・スコアカードを作成し、その時期に実践すべきことを各視点につき 2 ～ 3 項目を設け(できるだけ評価できやすい数字や基準で設定することがベターです。甘えや曖昧さを避け、客観的な

評価ができます）、内容の充実した計画書とすることができます。例を
挙げるとすれば、

「会員・参加者の視点」

- ・礼拝参加者にアンケートを無記名で年度末に実施し満足度や問題点を調
  査する、これは 3 年計画で毎年実施し改善を目指す
- ・ノンクリスチャンにも関心をもってもらえるレクチャーコンサート（コ
  ンサートにメッセージを盛り込む）を開催し、成果を評価する
- ・年間 30 名の新来会者数を期待する
- ・礼拝参加者を年間平均 3 名増やす

「財務の視点」

- ・収支の均衡を達成する
- ・創立記念基金を募集し、50 万円を目指す

「活動能力の視点」

- ・礼拝後ランチを毎週準備して参加者におもてなしの場所を提供する
- ・パソコン操作能力に長けたメンバーが複数いて、ホームページを開設、
  情報発信の維持拡大ができる

「個人の成長と革新の視点」

- ・新しいプログラム委員会を設置し、役員会への提案を求める
- ・聖書の学びを週 1 度実施し、毎回 10 名以上の出席を期待する

のように、できるだけ具体的に多くの意見を反映した計画を作成します。

このように計画し、実践することによって教会の活性化を目指します。
年度末には評価を実施し、反省と次年度の計画を作成していくサイクル
を回していきます。マンネリになったり，行き当たりばったりにならな
いように心がけていきます。

これらを実践するために、役員会の下に諮問委員会をつくり、計画と

評価に当たっての原案を作成することが有効かもしれません。

財務の重要性と考え方

どんな組織でも財務上の評価は要請されるところです。企業にあっては、最重要と言ってもいいのでしょう。

おカネのことにはあまりとらわれたくない、おカネのことは成り行きで決まるなど、教会では関心が後回しになることがよくみられます。一方、おカネが足りないから活動を諦めたり、いつも後ろ向きに陥ったりすることもよくみられます。

およそ組織が運営され成果を求めるためには、ヒト・モノ・カネが不可欠です。企業のように利潤を大きく拡大しようとする組織はもちろんですが、教会もヒト・モノ・カネが不可欠であることはいうまでもないことです。たとえ、目的がおカネ儲けでなくミッションの実現であったとしても、おカネがなくては成果を期待できる活動を実行する妨げになります。おカネをヒトやモノという要素（「経営資源」といいます）と組み合わせてミッションの実現を考えることが教会マネジメントにとっても大切です。

教会は（非営利組織一般もそうですが）、収入を基本に必要経費（教会の活動費）を考えることが多いと思います。一般に、貧しい収入に縛られ、貧しい活動になってしまっていることが少なくありません。もちろん、おカネは降って湧いてくると考えるのは無責任ですから、収入と調整しなければならないことになります。しかし、大切なことは、まず教会活動に今何が求められているかを考え、それが実現できるためのおカネ（同時にヒト・モノという資源）の調達をいかにするかという発想の手順を優先することです。おカネがないから貧相な活動に止めるのではなく、ぜひ実現したい活動を構想し、それを実現するためにおカネやヒト・モノという資源の獲得を考えてみることが、教会を前向きに活性

化することにつながっていくはずです。

　身の丈を大きく超えて考えることは現実的ではありませんが、なすべき活動と必要経費からスタートするという発想は大切だと思われます。縮小的な発想ではなく、身の丈を考えつつも教会への祝福を信じて、おカネという資源を生み出す工夫を諦めずに、拡大的なスパイラル（積極活動により成果が上がり、そのゆえに収入も増え、それが次の積極的活動に結びつくという展開）に挑む姿勢を強調したいのです。

会計の知識

　特別な教会は別として、一般に教会会計は、家計簿を大型にした様式で計算されています。毎月、半年、1 年単位で、収入と支出が項目によって計算され、どれだけ余剰が出たか、あるいはどれだけ赤字になったかが明らかにされています。

　収入・支出の項目は、教派によっても異なる仕訳が要請されていますが、収入については、（呼び方は異なったとしても）月定献金・礼拝席上献金・感謝献金・特別献金（イースターやクリスマスなど）が主な項目でしょう。バザーの収益や稀には駐車場貸し収入が見られることもあるでしょう。支出については、教職者謝儀と社会保障教会負担分・伝道費・事務費・慶弔費・教会外への献金・上部組織への負担金などが挙げられるはずです。

　その他、積立金や基金が蓄えられていることが必要です。教職者退職積立金・建物や設備積立金・特別目的引当金などです。これらはすぐに要るお金ではないため、しばしば無視されたり軽視されたりすることも多いのですが、必要な積立経費です。退職積立金がなければ、退職に当たって動きが取れなくなります（カトリック教会などでは異なる仕組みとなっているところがあります）。建物や設備の積み立ても重要経費です。本来、建物や設備は年々古くなり、当然のことながら使用不可能になったとき（会堂新築の必要発生時）のことを考え、そのお金が積み立てられ準備さ

れていることが健全です。そのとき慌てて新築募金を一から始めるので
は心許ない事態になります（学校会計では基本金という科目で積み立て
が決められていますし、企業では減価償却費として毎年の経費としてコ
ストに加えます）。これらの積立金は、一般会計と別して（預け入れ口座
も別して）積み立てることが会計に対する教会の意識として有効と思わ
れます。

　これらの積立金はすぐには要らないので、収支が赤字のときに、一時
（銀行や個人から借り入れしないで）流用してつなぐ（おカネのフローを
助ける）場合にも役立つことがあります。

　会計の知識には、貸借対照表やキャッシュフロー、管理会計・財務会
計などの事項もありますが、ここでは詳細に立ち入らず、必要に応じて
専門家の意見や書籍を参照なさるようお勧めしておきます。上部機関（教
区や教団）の指導を仰ぐことも現実的な助けにつながると考えられます。
重要なことは、財務のことを財務担当役員に丸投げせずに、教会の重要
な課題として担当役員の報告を理解し、教会活動が前向きになっていけ
るよう努力していくことです。

　第1部を通して、教会にはまだなじみが少ない（あるいは世俗的と評
されるかもしれない）「マネジメント」を学んできました。ある部分は
誤解も恐れず、マネジメントの原理原則を網羅できるよう努力しました。
そして、教会に特有な、あるいは不可欠な考え方や方法を記述してきま
した。教会は科学の成果も活用することができます。そしてマネジメン
トは、教会にとって大切な成果をもたらしてくれる与えられた知恵であ
るということができます。

　私たちは、変わらざるミッションをいつもしっかりと据えながら、そ
れを活動の軸とし、教会マネジメントを有効に実践することによって、
主の付託によく応えていくことが重要であると信じます。

第2部

マネジメントから

考える

教会論

第1章
教会の使命とは何か

　私たちはみな一生懸命、神から招かれた仕事、つまり宣教をしています。そして平和をつくり、共同体をつくり、伝道をしつつ、その歩みを続けています。ただ、がんばればがんばるほど閉塞感を感じてしまうことも、残念ながらあります。疲れきる前に、少し立ち止まり、私たちがどのような歩みをしているのか、ご自分の教会の屋根に上ったつもりで、あるいは鏡にご自分を映したつもりで、眺めてみませんか。

　そのとき、より良く変えられる課題が見つかるかもしれませんし、あるいは、今は神が導く長い歴史の中で「じっと待つ」ときなのだとわかるかもしれません。もしそれがわからなければ、変えられるところを変えなかったり、がんばって変えなくてよいところを変えてしまったり、いたずらに焦ったりして、閉塞感を感じてしまうのでしょう。

　ここでは宣教を「なぜ」「誰に対して（誰と共に）、どこで」「何を」「どのように」行うのか、もう一度考えてみましょう。いざこれらを問うてみると、曖昧なこともあるのではないでしょうか。もちろん、出来あいの答えはありません。また「教会」と「社会」の対立的な考え方もありますが、そもそも「教会とは何か」というのも自明ではありません。教会とは「常に改革される」ものだからです。ではどう変えましょうか？　いや、変えなくてもいいかも？　第2部ではそれらをもう一度見直すためのツールを分かち合いましょう。そして次の一歩を、あせらず、たゆまず、ご一緒に探す一助となれば幸いです。

神の歴史の中で教会がすべきこと

　東日本大震災以来、私も何度となく被災の地を訪れました。今でも「復興はまだか」という言葉をあちこちで聞きますが、私は少し複雑な気

持ちになります。亡くなった方を取り戻すこともできませんし、かつての原発体制による社会に戻るわけにもいきません。

　教会が目指しているのは、あの 3 月 11 日以前にすべてを復元することではないでしょう。教会は、聖書のいう救いの完成、神の国の到来、「終末」を望み見ながら歩みを続けているのだと思います。教会はいつも旅の途上にいます。長い軸でいえば、教会の歩みの先には終末の希望があります。

　だからこそ、では具体的に次の一歩をどう踏み出すのかがいつも問われています。そこで「教会のマネジメント」です。終末を目指す長い軸に対して、短い軸で、次の一歩を探したいのです。

　長い軸において、終末に向かう教会がすべきことは「神の言葉が純粋に語られること」「聖礼典が福音に従って正しく執行されること」そして「教会規律の行使」、さらには「世のために・世と共にある教会」などと言われてきました。それらを私たちの教会も行っていることには変わりないと思いますが、短い軸で、「今」「ここで」私たちがすべきことは何でしょうか。

　一人ひとりの人生が違うように、一つひとつの教会の働きも違うのでしょう。一人ひとりの人生で何を持って「成長」と呼ぶのか違うように、一つひとつの教会での「成長」も違ってよいと私は思います。そもそも「成長」とは何か、自由に考えるところから始めたいのです。自由に、のびのびと生きる私たちに神の国は遠くないのではないでしょうか。

なぜ宣教するのか

　それではまず、「なぜ教会は宣教するのか」から考えてみましょう。これをある程度言葉にして皆で共有できなければ、教会は烏合の衆になるかもしれません。あるいは歩みを続ける元気や喜びも湧いてこな

いかもしれません。

　長い軸で言えば（あるいは教科書的に言えば！）、先ほども申しましたように、「純粋に語られた神の言葉」によって集められた人々が、終末を目指して働くよう派遣されている、ということでしょう。

　そのようなことが、それぞれの教派や教会の信仰告白に記してあるのではないでしょうか。それを丁寧に、そして場合によっては批判的に、もう一度読み直してみる、そしてそれぞれの教会がおかれた具体的なコンテキスト、そしてこのグローバリゼーションとナショナリズムの軋<rt>きし</rt>みが音を立てている現代社会の中で、解釈し直してみることは有意義なことでしょう。

　ただ、信仰告白だけでは「なぜ宣教するのか」という問いに対して、どの教会も同じような答えしか得られないかもしれません。そんな答えを聞かされても、「そりゃそうだ」という声が聞こえてきそうです。そこで、短い軸にそって、私の教会だけのミッション・ステートメントというものを考えてみましょう。

　ミッション・ステートメントとは何でしょうか。簡単に言えば、「神が、私たちの教会に、『〜を一緒にしよう』とおっしゃっていること＝使命（ミッション）を言葉にして、教会の人、教会の外の人に宣言（ステートメント）したもの」となるかもしれません。

　企業の世界では90年代に人気となりましたが、もともと「ミッション」は礼拝の最後の言葉（ミサ＝派遣）を語源としていますから、当然企業より以前から教会には本質的なものだったと言えるでしょう。そして企業では結局、言葉遊びの域を超えなかったものも多くありましたが（結局、本音の使命は「儲けること」なのでしょうから）、教会のようにミッションが中心となる非営利団体でこそミッション・ステートメントは活かされてくると思います。

　いえ、もう昔から「宣教理念」といった言葉で、そのような文章を持っ

ている教会もあるのではないでしょうか。

　ミッション・ステートメントが有益だとすれば、それは何故でしょうか。一つには、教会も歴史が長くなり、第2、第3世代となってくると、自らの組織維持が一番の「ミッション」になりがちだからです。「世のため・世と共にある教会」ではなくなるのです。それをもう一度見直すチャンスにミッション・ステートメントづくりは役立つかもしれません。

　かつていくつかの教会で意識調査をしたことがありますが、いわゆる「社会派」の教会も、「福音派」の教会も、「社会活動」や「伝道」自体を実は一番に重視しているわけではなく、「その教会が伝統的にやってきたことを変えたくないために変えずに続けている」という調査結果が出て驚いたことがあります。

　結局、それらの教会で求めていたのは、いずれにせよ今いる人たちの「居心地の良さ」だったのかもしれません。もしそうなら「世のために・世と共にある教会」と呼べないでしょう。それでは教会の信仰告白に反しているかもしれません。

　例えば、少子高齢化が教会でも進み、若い人への伝道が必要だ、と言われます。しかし、今ある教会を維持する「材料」として若い人が求められても「いえ、遠慮します」と言われるのが道理でしょう。教会の目的は、教会の外にあるというのが、結局教会を元気にするのでしょう。教会は、変わり続けることによって、少し居心地が悪いくらいでいい（！）と私は思います。

　またミッション・ステートメントは、教会の歩みを振り返り、評価するときに有益です。教会の評価を、教会員数や献金の増減といった量的評価だけで行うことがありますが、教会は営利団体でない以上、教会の正確な評価にはなり得ません。かといって「なるようになれ」では次世代に無責任な気もします。

　そこで教会の質的評価が大切ですが、その「物差し」にこのミッション・ステートメントがなります。自ら宣言した使命を、どのように実践できたのかを評価する物差しは、その使命自身です。

　このミッション・ステートメントですが、ある程度長期的に使うものです。しかし固定されるのでもなく、一定期間の後、教会の自己評価を行い、ミッション・ステートメント自体を必要ならば変えるのが良いと思います。

　企業では、例えばアップル社のようにミッション・ステートメントを敢えて持たなかった企業もあります。アメリカでは、2000年代から教会でもそのような「ポストモダン」な組織スタイルが注目されています。言葉に縛られ、予期せぬ出会い（震災などはまさにそうでしょう）に対応できなくさせる危険性が、固定的なミッション・ステートメントにはあったからです。

　そしてアジア人は、「～をするために集まる」という「目的主導型」というより、集まった人々が「さて、なにをしましょうかね」と語り出す文化を持っていると思いますから、なかなかこのミッション・ステートメントというものがなじまないかもしれません。

　そこで、ミッション・ステートメントそのものよりも、それをつくる過程に注目してみたいと思います。いえ、結果として一つの立派な言葉ができなくてもいいかもしれません。それよりも、「私たちを神さまは、どんな生き方や活動に招いていらっしゃるのでしょうね」と繰り返し語り合う。教会の歴史を振り返り、地域を見渡し、そこで聖書を読み直す。「これまでの教会の物語」「これからの教会の物語」を言葉にしてみる。そしてその途中経過を記録して、みんなで確認していく。日付入りの「ミッション・ステートメントっぽいメモ」をつくってみる。それだけで教会を元気にしてくれるかもしれません。

　例えば「もし今、3億円、教会の庭にポーンと空から降ってきたら、

何に使う？」といった質問を、少しばかばかしいかもしれませんが（心理学的にはミラクル・クエスチョンと言います）ユーモアをもって語り合うときに、そもそも本当に何を私たちは求めて教会に来ていたのか、お互いに再発見できるかもしれません。

　具体的に、どのようなスタイルのミッション・ステートメントをつくりましょうか。企業のミッション・ステートメントには三つの要素があると良いと言われます。「誰に対して（範囲）」「何を（目標）」「どうやって（行動）」行うのかを記すわけです。これに教会のミッション・ステートメントはもう一つ「なぜ（信仰基盤）」を加えるのが良いと、アメリカの神学校などでは言われます。

　また「良い」ミッション・ステートメントは、「個性的であること」「柔軟であること」「簡潔であること」「自分たちの外に向かっていること」「教会や地域の人になじんでいること」と言われます。

　反対に「悪い」ミッション・ステートメントは、「どの教会にも当てはまりそう」「（数字による目標設定とか）余りにも具体的過ぎる」「長い・わかりにくい」「自分たちの願いだけ」「牧師や役員会だけがつくっている」ものと言われます。

　一つ具体的な例を挙げましょう。以下は、日本バプテスト連盟・那覇新都心教会のミッション・ステートメントです。

　　イエス・キリストにあって
　　1　沖縄に仕える
　　2　平和を実現する人々を送り出す
　　3　沖縄・「本土」・アジアを結ぶ

　ここには、「なぜ——イエス・キリストにあって」「誰に対して（誰と共に）——沖縄に」「何を——仕える」「どうやって——平和を実現

105

する人々を送り出す、沖縄・『本土』・アジアを結ぶ」の四つの要素があ
りますし、簡潔で、外に開かれています。

　ただ、この教会の牧師に先日電話しますと、「『沖縄に仕える』とい
うと、沖縄を対象化しているようで、『地域に仕える』と言い直そうか
と思って……」と言っていました。繰り返し、神にどのような生き方
に招かれているのか、問いかけ直しているのですね。ですからやはり
教会のミッション・ステートメントは、一つの祈りなのでしょう。

教会がなくなるとき？

　教会は会社など他の団体と違いキリストの体なので消滅すること は
ないはず……確かに見えない「キリストの体」としての教会はそうで
しょうが、見える各個教会は消滅してしまうことがあります。1999 年
から 2010 年の間、日本のプロテスタントの 170 教派のうち、教会数が
減少した教派は 40％の 68 教派あります（東京基督教大学　国際宣教
センター『データブック　宣教の革新を求めて──データから見る日
本の教会の現状と課題』のデータに基づき計算）。

　教会がなくなることは、あることでしょう。そしてただ悲しむだけ
の事柄でもないと思います。そもそも例えばパウロが生涯を捧げて伝
道、形成したいくつもの教会も、歴史の中で消滅して今はないわけで
すから、各個教会が時代的使命を終えてなくなることもまったく不思
議ではありません。

　また、その教会がある地域自体が「消えよう」としている、そこで
その地域の最後の一人と共に立ち続けることを使命（＝ミッション＝
宣教）としている教会もあるでしょう。見える教会は時代的使命を終
えてなくなっても、その信仰とそこから広がった、世代を越えた人々
のつながりはなくなることはありません。

　ただし、なぜその教会がなくなったのか、あるいはその教会の人々

が「なくなることもミッションのうち」と覚悟したことであったのか、といったことは問われて良いと思います。避けられる、避けるべき消滅もあるからです。

例えば福島で、東京電力福島第一原子力発電所事故の影響のため地域外に移住をすることを求め、それができる教会員を送り出すことを自らの宣教ととらえようと、痛みを伴う決断をしてきたいくつかの教会の真摯な姿に出会わされるときに、では自らの教会もその歩みを真摯に考えているのか問われていると思うのです。

教会の寿命30年説？

教会はどのような理由でなくなるのでしょうか。特別な事件が起こって教会が消滅することもあるでしょうが、多くの場合「寿命」とでもいったものによるのではないでしょうか。

「会社の寿命30年説」という言葉をお聞きになったことがあるでしょうか。「企業にも寿命があり、優良企業とはやされても盛りは30年まで」という説です。もともと日本経済新聞社が80年代に企業を調査して出した説ですが、近年検証し直しても、やはり結論は同じだそうです。

表1
伝道年数×洗礼者数

	合計	0人	1人	2人	3人以上	年間2人以上洗礼者があった教会の割合（四捨五入）
合計	324	158	69	44	53	
60年以上	55	22	11	12	10	40%
50～59年	86	44	18	10	14	28%
40～49年	70	34	18	6	12	26%
30～39年	25	13	6	4	2	24%
30年未満	88	45	16	12	15	31%

　30 年もすれば時代は変わりますが、多くの企業はそれまでのやり方を変えられない。また 30 年といえば 1 世代ですが、最初の世代が意思決定するポジションに留まり続け、世代交代に失敗し、消滅してしまうということなのでしょう。これが人間のつくる組織というものの自然な姿なのかもしれません。

では教会は？　やはり教会も人の集まりである以上、寿命 30 年説が当てはまるのでしょうか。ある教派のある年の、伝道年数を縦軸に、洗礼者数を横軸にとった表があります（107 頁、表 1）。

　これを見ますと、年間で 2 人以上洗礼者があった教会の割合は、最も高いのが伝道開始から 60 年以上経っている教会で、次は 30 年未満の教会です。さらに別の資料を使い、「1 人の洗礼者を生み出す教会員の数」を概算してみますと、30 年以上の教会はおよそ 48 人の教会員に対して年間 1 人の洗礼者が与えられるのに対して、30 年未満の教会では 37 人でした。

　ここに教派の歴史の変遷（例えば、母体となった宣教団からいくら支援を受けられていたのかといった関係の変遷など）を加味する必要がありますが、傾向としてやはり、「教会の寿命 30 年説」とはいわないものの、伝道開始から 30 年までの教会のエネルギーと、それ以降の教会のエネルギーには差があるといえるのではないでしょうか。

　アメリカでも、G・L・マッキントッシュは『サイズ別に分析する教会形成の方策』で、教会は最初の 20 年目に教勢のピークがやってきて、次の 20 年で衰退していくものだから、その 20 年目までに、何か次の方策を始めるべきだといったことを書いています。

　そうしますと、アメリカの場合は「教会の寿命 40 年説」となりますが、アメリカの企業の平均寿命が 40 〜 50 年ということですから、実に重なっています。やはり教会も人のつくった組織であるという要素は免れないのでしょう。

　そうならば、日本の場合、もし 30 年説が自然で避けがたいことならば、教会は 30 年で時代的使命を終えることを良しとして、30 年経ったら別の教会を立てるという宣教方針も考えられるかもしれません。そして実際、そのような決断をするしかないケースをいくつも知っています。

　しかし、先の表の背景としても考えられることですが、伝道開始 30 年を超えて 60 年までに至る教会にも再びエネルギー、活力が宿っています（もちろん、活力＝洗礼者数と言いたいのでもありません）。それらの教会では、30 年を超えていく何らかの教会形成のやり方がなされていたかもしれません。そのようなやり方があるとすれば、それは何なのでしょうか。

死か復活か 教会のライフサイクル

　そもそもなぜ教会にもこのような「寿命」が考えられるのでしょうか。その研究として教会のライフサイクル研究があります。

　マーチン・F・サーリネンは 80 年代にこのような教会のライフサイクルを図 1 のように考えました。

　開拓伝道がなされる「誕生」に始まり、牧師と数人の集まりによる「幼児期」、プログラムが形になり始める「青年期」、教会という組織としてそのプログラムが教会外へ開かれていく「全盛期」という成長のと

図 1 サーリネンの教会のライフサイクル

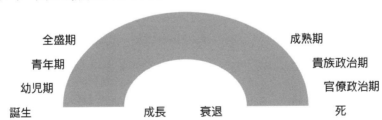

全盛期　　　　　　　　　　　　成熟期
青年期　　　　　　　　　　　　貴族政治期
幼児期　　　　　　　　　　　　官僚政治期
誕生　　　　　成長　　衰退　　　　死

きを経て、新しいプログラムが生まれなくなる「成熟期」、教会が徐々に内向きになる「貴族政治期」、そして形だけが残る「官僚政治期」を経て、「死」へ至る衰退の局面があるといいます。

　これは日本の教会でも起こっていることでしょう。ある世代のメンバーが固定的に30年以上リーダーシップをとってきたために、なかなか次の世代にリーダーシップの交代ができない。次の世代が何か新しいことを始めようとしても、どうにも何か足りない気がして（実際、足りないことが多いでしょう、だって経験が浅いのですから当たり前です）任せることができない。

　あるいは自分たちの心地よい交わりを保つことが教会の目的になってしまい、結局外へ開かれた宣教をせず、衰退していく場合もあるでしょう。

　このサーリネンのモデルで考える場合、教会に求められることは、若いときには「全盛期」へ向かって成長するための歩みとなるのでしょう。その一方で「全盛期」を迎えた教会は「死」へ至らないように、それを避ける方法を探す必要があるといえます。

　ただこのモデルの場合、ライフサイクルの前の段階に戻る動きをするのですが、人間の組織というものはやはり歳を重ねるわけですから、後戻りは教会にとって無理な若返り、「アンチエイジング」になるのかもしれません。教会は常に右肩上がりではなく、「下山」のとき、段階があってよいのだと思います。

そこでアーリン・J・ローサウジなどはこの教会のライフサイクルを「虹型」ではなく、「循環型」で考えるようになりました。戻るのではなく、1回スピードを落とした上で、ゆっくりまた先に進めるのです。ここでは、V・マイルス・トリブルとマーサ・テイラーによる教会のライフサイクルの図を一例として挙げました（図2）。

　ここで注目したいのは、⑦の段階で二つの選択肢があるということ

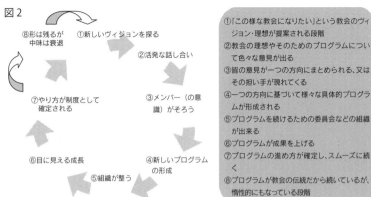

図2

⑧形は残るが　①新しいヴィジョンを探る
中味は衰退

②活発な話し合い

⑦やり方が制度として
確定される

③メンバー（の意
識）がそろう

⑥目に見える成長

④新しいプログラム
の形成

⑤組織が整う

①「この様な教会になりたい」という教会のヴィ
ジョン・理想が提案される段階
②教会の理想やそのためのプログラムについ
て色々な意見が出る
③皆の意見が一つの方向にまとめられる、又は
その担い手が現れてくる
④一つの方向に基づいて様々な具体的プログラ
ムが形成される
⑤プログラムを続けるための委員会などの組織
が出来る
⑥プログラムが成果を上げる
⑦プログラムの進め方が確定し、スムーズに続
く
⑧プログラムが教会の伝統だから続いているが、
惰性的にもなっている段階

です。一つは⑧へ向かう道で「全盛期」あるいは「成熟期」を迎えた
ときに、あとは自然に衰退していくことを良しとする道です。もう一
つは①へ戻る道で、順調なときにこそ少し立ちどまり、ある意味「停滞」
し、しかしそこで教会の周りを見渡し、聖書を読み直し、もう一度新
しい歩みを、新しい人々、新しい出会いと共に始める道です。

　このモデルは、人間組織というものは、教会を含めて、成長した後
は衰退し死を迎えるものだということを積極的に認めた上で、「死」の
前に、自分の意思で、エネルギーがあるうちに、新しいドアを開けて「復
活」を待とう、というものといえるかもしれません。

　先に述べましたが、30年を超え、60年に至った教会は、後者のよう
な選択肢を取ることができた教会かもしれません。

　すべての教会が、この後者の選択肢をとらなくてはいけないとは思
いません。とりたくても、教会の外の地域の状況がそれを許さない場
合もあるでしょう。しかし、もしそれが許されるならば、今まで積み
上げたものを手放す覚悟で、もう一度教会のヴィジョンを、教会の外
の新しい人に問いながらつくりかえる道を探れないものだろうかと、
私は思うのです。

人は、神の前で、変わり続ける

今まで積み上げたものを手放すことは、不安で怖いことです。それ
が自然な人間心理だと思います。次の世代に任せた働きが、自分たち
の働き以上になる保証はどこにもありません。多くの場合は「後退」
して見えることでしょうし、実際そういうことが、一時的に起こるで
しょう。しかし、人間の業は、神の業の前に、いずれにせよ取るに足
りないのです。

ある教会の例を興味深く聞きました。その教会には長年続いてきた
キャンプがありました。そこでは教会について、聖書について、深く
熱い話し合いが毎年なされていました。しかしそのキャンプを企画運
営する世代が、段々と高齢化し、宿泊日数なども減らさざるを得なく
なってきました。そこで最近になって、キャンプの企画運営を思い切っ
て若い世代の人々に任せたといいます。

そうしますと、深く熱く語り合うというよりも、楽しい、のんびり
とした自由行動が多いキャンプになったそうです。「大丈夫だろうか」
と前の世代は心配します。ところが、ある人が昔の記録を示してこう
いったそうです。「昔のキャンプも、始まりは楽しく、のんびりと気分
転換しようというものでした。それが回を重ねるごとに、深い語り合
いの場に変わっていったのですね。だから大丈夫です」

このように、それまでの積み重ねを新しい世代に手放し、同時に昔
の歴史を示し「これまでの物語」を語り、「これからの物語」を聞こう
として伴走する成熟した世代がいる教会はとても素敵だと思いました。

パウロは言いました。「それゆえに私たちは、失望することはない。
むしろ、たとえ私たちの外なる人は朽ち果てても、しかし私たちの内
なる人は、日ごとに新たにされるのである」（Ⅱコリント4・16、岩波訳）

それまで積み重ねてきた「外なる人」の業が朽ち果てるときもある
でしょう。しかし、それもまた恵みなのでしょう。新しい人と共に生

きる「内なる人は日々新たにされている」からです。

「外なる教会」が朽ち果てるときもあるでしょう。朽ちることが使命、という場合だってあるでしょう。ただその場合、その教会と寄り添い、そこで育まれた信仰や人々を受けとめる、他の教会（自派、他派問わず）との協力関係、伴走関係が大切になるのだと思います。

さて、私たちの教会は今、どのようなライフサイクルを歩んでいるでしょうか。そしてどのような次の一歩を選び取るように、神から招かれているのでしょうか。

教会って何をやっているの？

私が大学生で、教会学校の先生をさせていただいていたころ、ある中学生がこのような質問をしました。「礼拝で献金をしているけれども、あれは何に使っているの？」。私は教会の会計報告で何に一番多く使われていたかを思い浮かべましたが、「牧師への謝儀」というのも良くないと思い、とっさに「そうだね、新しい礼拝堂をつくったけど、建築にけっこうお金がかかったし、今度から電気代や水道代とかすごくかかるようになったみたいで……」と間抜けな答えをしてしまいました。案の定、その中学生に「なんだ、困っている人たちのために使っているのかと思ったけど、つまんないね」といわれてしまいました。

確かに、実際に献金の多くは牧師の謝儀を含め、教会を維持するために使われているでしょう。そしてそれ自体は決して悪いことではなく、大切なことです。ただ、教会はその維持が目的ではなく、教会を場として、他の何事かを目的としていなければ、教会でなくなってしまうし、人々から何の魅力も感じられない集まりになってしまうのでしょう。私は、礼拝堂をつくり、そこで何をやっているのかをも、あの中学生に答えるべきだったのだと思います。

ウィリアム・マッキンニーらの社会学的手法を用いた研究調査によ

りますと、アメリカの教会やシナゴーグにおいて、「独自のライフス
タイルと信念を推奨することで（周囲の）文化と距離を保つ教会は
ほとんどすべてが成長している」といいます（『American Mainline
Religion』）。

　つまり、その教会は何をやっているのか、この世界と一味違うアイ
デンティティーが明確で、それを単に学ぶだけではなく実践する共同
体となっている教会が、結果として集まる人数も増やしているという
のです。ただしそれらの教会すべてが本当にイエスの示した、神が招
く「ライフスタイルと信念」を持っているかといえば、別の吟味が必
要でしょう。ただともかく、この世界の文化との協調だけを大切に、
自らの組織維持をしようという教会は魅力的ではない、といえるよう
です。

「教会の目的」と、コイノニア・ケリュグマ・ディアコニア

　このように自らの目的、使命を明確に示す教会に、パーパス・ドリ
ブン・チャーチ、目的主導型教会というものもあり、このやり方で実
際に教勢を伸ばしている教会も少なくありません。目的主導型教会は、
１人の牧師など、強力なリーダーによって教会を形成するのではなく、
教会の目的を言葉にして、そしてそれは聖書によれば、「礼拝、交わり、
霊的成長、ミニストリー（奉仕）、伝道」であり、そこを目指して教会
をつくりましょうというものです。私はこのやり方を興味深く見てお
りますし、評価する点もあるのですが、しかしいくつか疑問も抱いて
います。

　それを述べることを許していただければ、例えば、目的主導型教会
を提唱するリック・ウォレン氏の『健康な教会へのかぎ』を読む限り、
自らの使命は何かを繰り返し問い直すというよりも、内実は最終的に
量的成長を目指しているのではないかと私には見えるのです。また後

で述べますが、その「五つの目的」の間の、「バランスを取る」といったことを超えた、有機的な繋がりが私にとって明確には見てとれません。

ただしやはり教会の目的、あるいは宣教内容、つまり「私の教会は何をするのか」を問い直し、言葉にしてみることは大切でしょう（かつて、私が中学生にきちんと答えられなかったようにではなく……）。目的主導型教会のものとも重なりますが、世界教会協議会（WCC）系の宣教論の流れからも、教会には三つの基本的宣教（ミッション、使命）があると言えるでしょう。コイノニア（交わり）、ケリュグマ（伝道）、ディアコニア（奉仕・平和づくり）です。

まずコイノニア、共同体を形成し、交わりを持つということが、教会の使命の一つでしょう。私たちはたった一人で神の前に創られたのではありません。「人が独りでいるのは良くない」のです（創世記2：18）。しかし、だれしも学校や職場では歯車として扱われ、孤独を感じざるを得ない現代です。まず教会から始めて、この時代に風穴をあけたいと願います。共に生きたいのです。牧師の牧会だけでなく、教会に集う人々が皆、互いに関心を持ち、誰かが誰かを支配するのではなく、共に生きていくのが教会でしょう。だから例えば、お茶の時間も大切ですし、丁寧に葬儀をすることなども教会の大切な務めとなってくるのでしょう。地域の人々、教会外の人々と共に生きるという働きももちろん重要です。

そこで2番目のこと、ケリュグマ、伝道をする、あるいは神の言葉を共に聞くということが出てきます。神から愛をいただいた私たちは、今度は隣の人に、あなたも愛されているんですよ、私たちは大切な命なんですよと、人々と語り合いたくなっていきます。それが伝道でしょう。電車に乗れば、たびたび人身事故で電車が止まったとのアナウンスを駅のホームで聞きます。そういう社会で、ホームにたたずむ人と、

「あなたを愛している」との神の声を共に聞きたい。私自身そうです。私の命の奥にある、いつか誰かが伝えてくれた神の言葉に生かされて、今日も生きています。伝道は教会の外に向かって行うだけではなく、教会の中で行う伝道、自分たちの学びということも大切になるでしょう。また他宗教や多文化の人々との対話もケリュグマの大切な働きです。

　そして3番目ですが、ディアコニア、奉仕をするということが出てきます。教会の中の奉仕があります。教会学校の先生や掃除などの当番をします。奉仕には教会の外の奉仕もあります。ボランティアや市民運動に参加して、この世界に神の愛と平和を実際に起こしていく、その働きもそうです。今、憲法改悪や原発の課題などに直面し、時代は大きな曲がり角に来ています。「世の光」として「後回しにされた人々」に寄り添い、共に生きる働き、そして同時に「地の塩」として、「後回しにしている」権力に抗議する運動などが大切でしょう。

　平和をつくるという働きは、何か特別な人だけがする、あるいは牧師だけがするかっこいい話ではないでしょう。私たちの毎日のいのちの話です。「平和を実現する人々は、幸いである、その人たちは神の子と呼ばれる」と主イエスは言いました。「平和を実現する人」、これは当時のローマ皇帝を示す言葉でした。特別な力を持つ人、権力者がこの世界の平和を実現すると言われていた時代、主イエスは「違う」と言いました。目の前の普通の人々、貧しい人々、そのあなたがたこそが、平和を実現する神の子なのだ、と。

　さらに言えば、この三つの働きは、イエス運動の継承だと私は考えています。イエスは人々と共に食事をし（コイノニア）、苦しむ人々を癒しつつ苦しめる人々を批判し（ディアコニア）、神の国を宣言（ケリュグマ）なさったのですから。この歴史、そして物語の続きを生きる人々をキリスト者、そして教会と呼ぶのだと、私は考えています。

116

三つの働きの結び付き

このように、教会の使命には基本的に共同体形成、伝道、奉仕とありますが、これらの三つは互いに切り離すことができません。ドロテー・ゼレという神学者はこう言いました。「新約聖書の考えによれば、教会の課題は、ケリュグマ、ディアコニア、コイノニア、すなわち宣教（伝道）、奉仕、交わりという三つである。これら三つの要素はすべて不可欠であり、互いに結び付いている。このうち一つでも欠けると、ほかの二つも危うくなり、硬直しかねない」（『神を考える』三鼓秋子訳。（伝道）は筆者）。確かに、奉仕がない伝道は、本当に福音、良き知らせを伝道しているのか問われます。交わりがない伝道は、その街と歴史に根付くことがありません。奉仕のない交わりは例えばアメリカでは戦争を進める保守勢力となり、伝道がない交わりは閉鎖的な「仲良しクラブ」になるでしょう。伝道のない奉仕は、つまり神の言葉に聞かない奉仕はセクト主義になり、交わりのない奉仕は広がりのない独善となるでしょう。

やはり、この三つの要素が有機的につながっていることが大切だと思います。ある教会ではこれらの宣教要素すべてをミッション・ステートメントに挙げはするものの、それらが有機的にかみ合わず、バラバラに行われている場合もあります。そのようなつながりのない働きは、いつかどれかが消えていく危険性を持っているでしょう。これを118頁、図3のように表してみました。

これら三つの働きをベースに、では実際に私の教会は何をしており、これから何をしようとするのか、アンケートで教会の人々に聞く方法もあります。先ほど触れたマッキンニーが使っているアンケート（『Studying Congregations』）を基に、日本でもいくつかの教会で実施したことがあります。

　そこでは、この三つの働きおよび三つの働きが重なる部分を、その教会にとって現在なされている具体的なプログラム名を挙げて聞いていきます。さらに今後どこにさらに時間とエネルギーをかけたいのか、それとも他のプログラムにその時間とエネルギーをまわしてもいいと思っているのかを聞いていきました。これらを集計することでその教会の図が書けます。

　そして実際に今、どこに、どの程度教会が力を入れているか、そし

図3

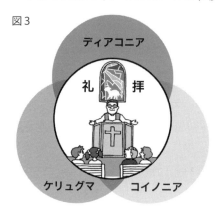

て今後、教会の人々がどこに力を入れていきたいと思っているのかを探りました。実際これで、割合うまく人々の思いを抽出して、その教会の皆さんの合意と宣教方針をつくることができた教会もありました。

　ただ、このような方法が良いかどうかは教会によるでしょう。このような方法を取らずとも、次のゼレの問いかけに教会の皆さんで思いを巡らせてみることには意味があると思います。「生き生きとした教会があるところには、教会の基本要素として、ケリュグマ、ディアコニア、コイノニアのすべてを見出すことができる。これらの三つの機能のうち、ある特定の時期に、どれが最も重要であり、どれがないがしろにされたかを問うことによって、教会史を読むことができる。また私たち自身の教会経験をも、これら三つの次元を手掛かりにして検討することができる。どこで私はケリュグマに出会ったのだろうか、どこで人生にとっての何かを学んだのだろうか。ディアコニアが生きたものとなったのはどこか、どこで助けられ、どこで必要とされたの

だろうか。どこでコイノニアに出会ったのだろうか、どこで支えられ、どこで自分が『中にいる』と感じたのだろうか」(『神を考える』)。

礼拝という「要<ruby>かなめ</ruby>」

しかし「これだけ多様なプログラムを展開する奉仕者は私の教会にはいない」と思われるかもしれません。あるいは、「何かノルマを達成しなければならない、会社みたいで嫌だ」と思われる方もあるでしょう。ただ、何か新しい特別なプログラムを始めなくてはいけないというわけではありません。きっといつも行っている、あの礼拝こそが、図3の円の重なり合った真ん中、三つの働きをつなぎ合わせ、そしてその三つがそこから発展していく要なのだと思います。礼拝では神の言葉が語られ、それによって共同体が形成され、そこからこの世界へ先立つ平和の主に招かれて派遣されていくのですから。毎週の礼拝の中に、三つの要素が生きているのか、思いを巡らしてみるなら、それがまずは一番大切なことではないでしょうか。

そして「教会の目的」という言葉も使いましたが、教会の働きは「目的・目標」であると同時に、常に「過程・プロセス」なのだと思います。例えば、WCC の『和解と癒し——21 世紀における世界の伝道・宣教論』によりますと、「宣教の緊急課題」として和解を位置づけた上で、「和解は到達すべき目標であると同時にプロセスである」といいます。

同様に宣教は、上記三つのどれをとってもやはり「目標であると同時にプロセスである」のでしょう。たとえ手が届かなくても、手を伸ばすこと自体に意味がある、「祈り」でしょう。完成は終末にしかないのですから。やはり教会の宣教は、「ノルマ」ではなく、かといって無責任な沈黙でもなく、礼拝であり、祈りなのだと思います。

「わたしは、既にそれを得たというわけではなく、既に完全な者となっているわけでもありません。何とかして捕らえようと努めているので

す。自分がキリスト・イエスに捕らえられているからです」（フィリピ
3・12）

第2章
教会にとってのマーケティング

方法論なき神学？　神学なき方法論？

　企業が「誰に対して（誰と共に）、どこで」活動するのかを考える、その方法はマーケティング・リサーチと呼ばれます。「教会でマーケティングなんて」と違和感を覚えられる方も多いのではないでしょうか。確かに、企業の方法論をそのまま教会に持ち込む訳にはいきません。教会は教会の方法論を開発すべきです。その方法をきちんと、教会の本質に基づいて考えてみたいのです。

　一方で「マーケティングなどのハウ・トゥーは信仰的ではない」と拒否する教会もあるでしょう。他方で「人を集めることだけに力を入れ、企業の方法論をそのまま導入する」教会もあるでしょう。E・H・ピーターソンが「アメリカの牧師たちは『企業経営者』の一群に変容してしまった」（『牧会者の神学』）と嘆く事態が日本の教会にもやってきつつあるかもしれません。ただし、前者は方法論なき神学によっており、後者は神学なき方法論によっていると言えるかもしれません。その両者の間で、神学に裏付けられた方法論を考えたいのです。

　伝統的に日本の教会は、神学的にはドイツ神学をはじめ、ヨーロッパの神学の影響を受けてきました。ヨーロッパの教会は社会体制の中で安定しているので、アメリカの教会におけるようには方法論があまり研究されたり注目されたりしてきていないでしょう。下手をするとヨーロッパの神学は方法論なき神学になり得た訳です。その一方で、アメリカの神学では方法論は大切なテーマとなります。アメリカの教会は社会体制の中で安定しない中、その歩み進めてきたということもあるでしょう。そのアメリカの神学の中から、神学なき方法論となる危険性を持っている「保守的」な教会の「教会成長論」などは日本でも紹介されてきました。

しかしいわゆる「リベラル」な神学に裏付けられた方法論などは、研究されているにもかかわらず、あまり紹介されてこなかった気もします。

　教会が歴史や社会に具体的に向き合う使命を持っているならば、やはり方法論を軽視することも問題です。教会は、この歴史や社会の中に受肉してくださったイエス・キリストの体ですから。

企業のマーケティングと教会のマーケティング

　マーケティング・リサーチ自体、もともと教会が社会に向き合うため、その活動から始まったという話を聞いたことがあります。西部へと町が広がっていく時代、そこで出会うアメリカ先住民、また世界各地からやってきた人々のことを、きちんと知ろうとしなければ教会形成はできなかった訳です。それがやがて企業のマーケティング・リサーチへとなっていったとも言われます。

　戦後、世界的に、そして日本の教会でも、ミッシオ・デイの宣教論が言われてきました。教会の主張を、その町の人々のことをきちんと知ろうともせずに伝道するのではなく、その人々から学びつつ福音を分かち合うことを大切にしようと言われてきたのです。ですから、そこにある種のマーケティング・リサーチがあっても良いでしょう。教会のある、この町にすでに大勢いる神の民（使徒 18：10）のことを、教会から出て行って知るのです。私たちの物語の「舞台」とこれから出会う「登場人物」を知るのです。

　ただし企業のマーケティングと教会のマーケティングは、根本的に違う点があります。「マーケティングの神様」と言われるフィリップ・コトラーが神学者たちと著した『教会のためのマーケティング』（Marketing for Congregations）という本があります。そこには、教会における「マーケティングとは、教会がその使命のために、しようとすることと、すまいとすることを具体的に決定するプロセスのことである」

と定義してあります。そしていくつかの企業のマーケティングと教会の
マーケティングのいくつかの違いを挙げているのですが、そこでもっと
も詳しく述べられているのは「使命と顧客の満足の間の緊張」というこ
とです。ここで「顧客」とは、いわゆる「伝道対象者」や教会員のこと
です。企業のマーケティングは顧客の満足を満たすために製品やサービ
スを変えてゆきますが、教会ではそうしないと言うのです。

　つまり、単に地域のニーズに便利に応えて人を増やしたり、教会員の
居心地を良くしようとしたりするのではない。マーケティング・リサー
チをすればそのニーズや欲求はわかるけれども、教会の働きはそれにた
だ応えるだけというのも間違いだというのです。「マーケティングは宗
教団体にその神学や教義、あるいは使命を市場の欲求に合わせて変える
ように要求しない。むしろマーケティングは、宗教体験の大切さを伝え、
分かち合って理解してもらうことや、日々の生活における宗教の大切さ
や、その宗教組織に関わったりすることで起こる有益なことの大切さを
示す手助けになる」とあります。本人が自覚していないかもしれない本
当のニーズ、つまりその人が本当に必要としている事柄と、表面的に求
めている欲求は別なのでしょう。教会は人の本当のニーズに応えるもの
です。神が「その独り子をお与えになったほどに、世を愛された」よう
に、です。

三つのニーズ

　このように考えてきますと、教会が「誰に対して（誰と共に）、どこで」
宣教するのかを考える際には、三つのニーズが中心になってくると言え
ます。それは「聖書」「教会」「地域・世界」のニーズです。

　まず「聖書」から問われるニーズをもう一度考える必要があります。
これは前章で「なぜ宣教するのか」を考えた際にも触れました。教会の
信仰告白がそれを考える基盤となるでしょう。これ抜きなら企業のマー

ケティングと変わりません。

　次に「教会」です。教会員はどのようなニーズを持っているのか、つまり何を必要としており、今何に関心があるのか、です。具体的にはアンケートと聞き取り、という形でわかってくることが多いようですが、普段の牧会の中ですでにわかっていることも多いと思います。また名簿を見て、どの年代が多いのか、グループ分けしてみるだけでも色々なことが見えてきます。またニーズだけではなく、その教会員たちの持つ「強み」（後述のSWOT分析の項を参照）をも見てとり、ニーズとの組み合わせを考えることも有益でしょう。ある教会では、教会員が高齢化しており、今までになかったニーズがあることに対して、他の教会員がヘルパー資格をとるための費用助成を始めました。「強み」は開発することもできるのです。

　そして「地域・世界」です。教会のある町が、そしてこの世界がどのようなニーズや課題をもっているのか、です。これ抜きなら、教会の本質である「他者のために・他者と共にあること」を失ってしまうでしょう。牧師や教会員が生活者としての経験を話し合うことや、地域行政による調査などでも知ることができます。そして「世界」で今、何が求められているのか、聖書と共に、新聞を開きたいものです。

　こうして私たちの物語の舞台が浮かび上がってきます。それを知るための具体的方法は色々ありますが、ともかくテーブル一つに集まり、時間を決めて「私たちは誰に対して、誰と共に、どこで宣教しているのか」話し合ってみることができれば、そのこと自体に意味があると思います。

　そして自分の教会の「ウリ」を見つけるのも楽しいものです。例えば、先ほど紹介した教会ならば「高齢者と共に生きるといえば、私の教会」と言えるわけです。そして他の教会と協力関係がとれていれば、全ての教会が同じ宣教プログラムを持っていなくても良いのでしょう。例えば「うちは青年伝道プログラムが欠けている」からといって、必ずしも焦

る必要もないと思います。どの教会にも、今、共に生きるように出会わされている人が、聖書の言葉で言えば「追い求めるべき一匹の羊」との出会いがあるのだと思います。

SWOT！　小さいことも良いことだ

「誰に対して（誰と共に）、どこで宣教するのか」を考えるとき、思いを巡らせてみるべきなのは、聖書、教会、地域・世界の３要素だと申しました。このうち、教会と地域・世界のニーズや状況分析をする方法に（一般のマーケティングで基本的に使われるものですが）SWOT分析というものがあります。

S（Strength）は「この教会ならではの〈強み〉」で、W（Weakness）は「この教会ならではの〈弱み〉」です。これは教会の内側の状況を説明するものです。例えばS（強み）は「家庭的な温かい交わりがある」に対して、W〈弱み〉は「新しい人が入って来にくい」といったことです。それに対し教会の外、つまり地域・世界の状況に関しては、O（Opportunity）つまり「この教会を取り巻く〈機会〉」と、T（Threat）つまり「この教会を取り巻く〈脅威〉」を考えてみる必要があります。例えば、O（機会）は「成熟して落ち着いた町である」、それに対してT（脅威）は「次世代を担う若い人がいない町である」といった具合です。

この四つ、SWOTを聖書の語りかけの中に置いて思いを巡らすとき、私の教会ならではの次の一歩が見えてくることもあるでしょう。特にS（強み）とO（機会）の組み合わせをこそ、まず見つけてみませんか？「だめだ、だめだ……」のつぶやきばかりでは、人も教会も元気をなくしてしまいますものね。そして教会によってこの四つは違うのですから、どの教会も同じような歩みをする必要はないでしょう。そして実際このSWOT分析をしてみますと、よく発見されるのは、S（強み）とW（弱み）が表裏一体で、O（機会）とT（脅威）が表裏一体であることでしょ

う。弱みは、良く活かせば、強みになるのです。

　ここで「教会の規模」ということを、このＳ（強み）とＷ（弱み）として考えてみたいと思います。何も大規模教会だから強い、小規模教会だから弱いというのではありません。小規模教会にしかできない、それをＳ（強み）とした豊かな教会というものも、私自身、牧会経験の中で体験しています。考えたいのは、小規模教会なのに大規模教会のように振る舞って息切れをしたり、大規模教会なのに小規模教会のような牧会をするものだから「壁」にぶつかり、大規模教会としての責任を果たせていない、といったことがないか、その教会ならではの特徴を、きちんとＳ（強み）として活かせているのか、それともＷ（弱み）にしてしまっているのか、ということです。

　イエスは当時「信仰がないから病になっている」と言われていた人々を癒され、「あなたの信仰があなたを救った」と語られました。信仰とは神に信頼してきちんと向き合っている、その生き方のことでしょう。神に信頼するその人らしい生き方をイエスは認められるのです。同じように、ある教会が他の教会を見て「信仰がないから成長していない」とは言えません。その教会はその教会らしく、神に、イエスに信頼してきちんと向き合っていることを、神こそがまず認めてくださっているのですから。だからこそ、「その教会らしさ」を知り、大切にしたいのです。

アメリカサイズは日本に合わない？

　教会の規模に関する研究はアメリカでは盛んになされていますし、翻訳本も出版されています。そこでは教会を小規模、中規模、大規模など、三〜四つぐらいに分類し、それぞれ教会形成の方法や牧師の働き方が異なるといったことが書いてあります。ただ、アメリカの教会の規模と日本の教会の規模があまりにも違い過ぎて、参考にならないという気持ちになられた方もあるでしょう。

　例えばゲーリー・L・マッキントッシュ『サイズ別に分析する教会形成の方策』では、小規模教会は 15 〜 200 人となっており、それではもう日本のほとんどの教会が小規模教会ということになり、規模別に教会形成のあり方を変える必要もないのでは、と思ってしまいます。この本を訳した松本雅弘氏は、「アメリカの教会では家族単位で集う人が比較的多いが、日本では 1 人 1 人個々につながるケースが圧倒的に多い。したがって 1 家族 4 人と仮定し計算すると、アメリカの 400 人規模の教会は日本の 100 人規模の教会と同じようなニーズや課題を抱えているように思える」と、瀬底正義牧師の「瀬底説」を紹介し、ご自身の参考になさったと書いていらっしゃいます。

　アメリカの本にある数字を 4 で割れば日本の教会の現状に合う、としますと、マッキントッシュの本にある小規模教会は日本でいえば 50 人まで、中規模は 100 人まで、大規模は 101 人以上といえます。これなら日本の教会にも当てはまるかも、と感じますが、この計算式がどの規模の教会にも当てはまるとはやはり思えません。

　アメリカの研究者でも小規模教会をマッキントッシュのように 200 人までとする人のほかに、50 人まで（アーリン・J・ローサウジ、アリス・マンなど）、125 人まで（専任牧師 1 人で牧会できる人数、ライル・E・シェーラーなど）、あるいは「内実で判断する」（アンソニー・パパス）などいろいろ分かれます。

　中でもこれらの本に多く引用される「古典的」理論を立てたローサウジによれば、礼拝出席者 50 人までを家族的教会、150 人までを牧師（中心）的教会、350 人までをプログラム的教会、350 人以上を社団的教会と分類しています。

　そこで実際にどの規模で教会の「質」が変化するのか、そこから先は S（強み）がかえって W（弱み）になってしまい閉塞感が出てくる、いわゆる「壁」といったものがあるのか、実際の統計を見ながら考えてみ

ましょう。

　表２は、300ほどの教会が加盟する教派の礼拝出席者別のグラフです。これを見ますと、第一の「壁」は30人ほどのところ、第二の「壁」は90人ほどのところ、そして120人ほどのところに小さな「壁」があり、その次は200人ほどのところにあるようにも見えます。そうしますと（ローサウジの分類するそれぞれの特徴が合っているかどうかは別に検証が必要として）、とりあえず日本の教会においては30人までを家族的教会、90人までを牧師（中心）的教会、200人までをプログラム的教会、それ以上を社団的教会と呼ぶことにも、ある程度の妥当性があるかもしれません。実際にいくつかの教会の礼拝出席者数の時系列に沿った変化のグラフを見ると、必ずしもこの数字が妥当する教会ばかりではありませんし、もとより数字や量が質を決定する訳ではありません。ただ、上

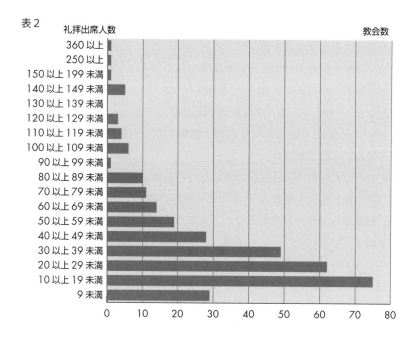

表2

述した数々の研究は何らかの量と質の関係性（繰り返しますが「量が少なければ、質が悪い」と言うのでは決してありません）を示している訳ですから、とりあえずここではこの数字を使いましょう。

規模別に教会を考える

それでは、この規模別教会の特徴はそれぞれ何でしょうか。

家族的教会（日本においては礼拝出席30人までの教会）は、中心となるリーダー的信徒といくつかの家族から構成されていることが多い教会です。そこでは温かい交わりが最大のＳ（強み）となるでしょう。奉仕者は限られていますから、総花的宣教ではなく、一つの「目玉」をもった宣教が求められます。牧師は、ここではあまり強いリーダーシップは期待されず、教会員に寄り添う牧会が求められると言います。ですから牧師のコミュニケーションスキルは必須です。

牧師（中心）的教会（日本においては礼拝出席31〜90人までの教会）は、牧師のより強いリーダーシップが求められる段階です。いくつかの異なる考えのグループ、さらには複数の宣教プログラムが出てくるので、それらをつなぎ、調整する必要が生じてくるからです。ここで牧師にはコミュニケーションスキルに加え、説教スキルが強く求められてくるでしょう。

プログラム的教会あるいは中規模教会（日本においては礼拝出席91〜200人までの教会）においては、もう牧師は一人で牧会できなくなっていきますから、複数牧会や委員会組織の整理が必要となってきます。そして各委員会における充実したプログラムがＳ（強み）になってきます。ここではいかに「民主的」な組織をつくれるかが大切であり、牧師は再び前面に出るリーダーシップよりも、後ろから支えるリーダーシップが求められるようになります。その牧師に必須なのは、組織・運動形成スキルでしょう。

　そして社団的教会あるいは大規模教会（日本においては礼拝出席 201
人以上の教会）ですが、ここでは整備された組織と、大きな方向性を示
し続ける強いリーダー像が再び必要とされてきます。

　もし、教会が数的に変化してきていることがわかったならば、その教
会の使命を果たし続けられるように、教会運営のあり方や牧師の働き方
を変える必要があります。そうでなければ、S（強み）が、気がつけば
W（弱み）になっており、使命の妨げになる場合もあります。「壁」に
ぶつかるわけです。

　例えば、家族的教会の「温かい交わり」という S（強み）で宣教をし
ていた教会が、気がつけば人数が増えてきているのにもかかわらず、牧
師がリーダーシップを発揮して
異なる意見の人々のグループを
も活かすことができずにいれば、
「温かい交わり」は転じて「閉鎖
的な交わり」という W（弱み）
になってしまうわけです。

　牧師の働き方と教会の組織と
してのあり方の変化については
右の「N字カーブ」を参考にし
てみてください。

図4　　規模変化における「N字カーブ」

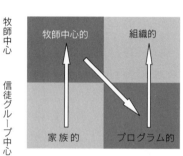

牧師中心　　牧師中心的　　組織的

信徒グループ中心　　家族的　　プログラム的

人と人のつながり　　　　組織
Alice Mann　『Raising the Roof』より

その教会らしく歩み、その教会らしく成長する

　具体的な例に触れましょう。かつて礼拝出席 20 人以下であった教会
で、5 年間の間に 30 人の「壁」を数的に超えたところを調べ、一つひ
とつの教会に「何か特別なプログラムを持ったのか」聴き取り調査をし
たことがあります。そうしますと、5 年を超えて、10 年続けて教勢が
伸びているところは、特別なプログラムではなく、日頃の礼拝、教会学

校、伝道集会などを「普通に」行っているところでした。他の特別なプログラムを牧師が中心になって精力的に行っていた教会は、まるで「息切れ」でもしたように、後の5年で教勢が減ったり、あるいは横ばいになっている例が多くありました。

　その「普通に」宣教を行っている教会の牧師に、お話をうかがった当時のことを思い出します。彼女はまさに「家族的教会」の良さを活かし、前面に出てプログラムを仕切るというより、穏やかに温かく教会の一人ひとりに寄り添っている姿が印象的でした。また、その教会がある町は新しい人が来にくい環境のT（脅威）を持っていましたが、すでにいる教会員の個人個人のつながりを大切にする中から、教会に新しくつながる人も増えてきたとのこと。そしてその温かい信頼関係のうちに、教会の使命やヴィジョンについて皆で語り合うときを大切に持っていたことが、「壁」を本当に超える次の一歩につながったようです。

　増えればそれで良いというのではありません。すでに書きましたように、それぞれ異なりうる教会の使命によってこそ教会の働きは評価されるべきだからです。紹介した例は、神に招かれる宣教に集中してきた結果、その働きに加わる仲間が増えた、というものです。

　もちろん、すべての教会がそうもいかないでしょう。教会の外的要因であるT（脅威）に押されて、数が増えない場合も多くあるでしょう。ただ日本の社会状況を鑑みるなら、都会の大規模教会は地方の小規模教会を経済的、人的に支えるためにも、教会運営に関して責任をもっと負うべきだと思います。そして、逆に小規模教会から信仰的に支えてもらうことも大いにあるでしょう。また、規模にかかわらず、数につながってもつながらなくても、すべての教会が「自分たちのためだけではなく、他者のための、他者と共に生きる教会であり続けているのか」ということが問われていることは確かでしょう。

教会を「仕事する」

日本の教会では「神学なき方法論」か「方法論なき神学」かのどちらかばかりが目立つので、「神学に裏付けられた方法論」をここでは目指したいと書きました。その「神学」、つまり宣教理由や宣教内容についてはここまで考えてきた通りですが、それをどのように形にしていくのか考えたいのです。

アメリカのこの手の教会研究の本を何冊かめくりますと、たいてい同じような内容が並んでいます。つまり、「調査・ヴィジョン・立案・組織化・遂行・評価・再び調査……」といったサイクルです（111頁、図2で示しました）。

まず教会の信仰告白や歴史また教会内外の状況を「調査」し、その上でミッション・ステートメントなど目指していく「ヴィジョン」を言葉にする、そしてそのヴィジョンを形にする具体的な宣教内容の「立案」をするということは、これまでにすでに述べてきたとおりです。

ここから直接考えたいのは、そのプログラムを誰が担うのかといった「組織化」、そしてそれぞれの組織でのメンバーシップやリーダーシップによる「遂行」です。ある程度この遂行が進んだところで、惰性化する前に「評価」を行い、課題のある点を探るために「再び調査」をして、新しい「ヴィジョン」を立てて……といったサイクルです。

これは企業などの一般の組織でも行われることのあるサイクルだと思います。あえてここでは「教会を仕事」してみましょう。私は「教派」的にはバプテストですが、そこでは「牧師は身分ではなく職分」と言っています。牧師という存在がキリスト者として特別なわけではなく、牧師はその仕事や役割の名前だというのです。

だからこそ、牧師は教会を仕事するプロフェッショナルだと私は思っています。他の教会員の方々は無償で奉仕を熱心になさっているのですから、仕事の責任に違いがあって当然、とも思います。その半面、仕

事ですから、牧師は給与（謝儀）面においても仕事の仕方においても
「王様でも奴隷でもなく」、淡々とフェアなリーダーとして教会員と宣教
（ミッション）を担い合うべきだと思っています。

　教派による教職観の違いはあると思いますが、この世界との適合性に
開かれた教会のみが、キリストの教会として同一性を保つことができ、
その同一性をもつ教会のみが、この世界に適合性をもって開かれる（モ
ルトマン）のでしょうから、ここでは「教会を仕事」してみましょう。

ローザ・パークスとキング牧師

　教会の仕事の行い方ですが、最初の「調査」から、最後の「評価」ま
で、牧師だけがやったのでは意味が半減してしまうと思います。すべて
の過程で、信徒の皆さんの声を牧師が吸い上げ、汲み取り、つなぎ合わ
せる、その過程こそが教会を元気にするのではないでしょうか。それが
具体的に「組織化」に反映されてくる、つまり信徒と牧師のチームがで
きることが大切に思えます。

　例えばキング牧師のことを考えてみましょう。1955年、彼はバス・
ボイコット運動を起こし、それが全米に広がり、アメリカ公民権運動が
進んだことはご存知のとおりです。バス・ボイコット運動というのは、
当時の市営バスの差別的なやり方に抗議して、バスの主な乗客であった
アフリカ系の人々がバスに乗らないようにする、その代わり歩いたり、
車に乗り合わせたりする、そのことで市の財政に無視できない影響を与
え、アフリカ系の人々の主張に聞く耳を当局にもたせていった運動です。

　ただ実は、この運動を考えたのも、またこの運動を起こそうと思った
のも、キング牧師ではありません。一人の牧師が思い立ったことではな
く、ある信徒、そしてその仲間である信徒たちから始まっていった、そ
れをキング牧師が牧師としてまとめ、展開していった。このように私た
ちの宣教というものも広がっていくのでしょう。

　バス・ボイコットを呼びかけたのは、キング牧師の前任者、ジョーンズ牧師もそうでした。しかしそれは運動にまで展開しませんでした。人々を動かしていったきっかけは一人の信徒、ローザ・パークスという女性です。当時彼女は、町の裁縫工場に勤める一般の女性でした。彼女はバスの席を白人に譲るように言われて拒否し、警察に逮捕されました。それを聞きつけた彼女の仲間たちが、それならバス・ボイコット運動をしようと考えました。パークスが逮捕された夜に、電話網で話し合ったそうです。今も教会ではよくある姿ではないでしょうか。そして、それを牧師たちや全国黒人地位向上協会の人々と相談し、その代表に、パークスと同じ教会ではありませんが、当時若くて、まだその町の教会に赴任してきたばかりで「しがらみのない」キング牧師が選ばれたというわけです。

　まず、そこには信徒の信仰があった。祈りがあった。それは素朴だったかもしれない、けれども、はっきりとしたものがあった。それを牧師が聞き取り、受け止め、共に祈り、整え、ヴィジョンを言葉にし、組織化し、運動に展開していった。そしてそこには神のみ心が、教会を超えて、世界に広がっていった。これが信徒と牧師が共に協働して宣教していく、その姿なのではないかと思うのです。

『日本ではなぜ福音宣教が実を結ばなかったか』

　実際、信徒がより積極的に教会を担うことが今の時代に求められていることは、あちこちで言われています。カトリックやルーテル、聖公会の方々などからも、異口同音に聞こえてきます。

　例えば私は、研究会Ｆグループ（主宰、鈴木崇巨氏）という研究会に加えていただき、そのグループによって『日本ではなぜ福音宣教が実を結ばなかったか』という刺激的なタイトルの小冊子が発行されました。いわゆる「失敗研究」です。その研究の結論として三つの「実を結ばな

かった」原因が浮かび上がってきました。

　私個人としては他の表現の方が良いと今は思う言葉もあるのですが、そのまま挙げてみますと、一つ目は「日本の教会がキリストの心を具体化していない教会であったから」。つまりキリスト教信仰をもつということは本来その世界観や歴史観を共に持ち、そこに生きることなのに、教会が高尚な趣味の場になって、この世界にあまり関係をもたずに来た、ということです。

　二つ目は「牧師・指導者（長老・役員・執事たち）が未熟であったから」で、これは逆にいえば、牧師に頼り過ぎる教会、信徒のものではない教会をつくってきたということです。

　三つ目は「クリスチャンを含めた日本人が島国的な劣等感の束縛から解放されていないから」。これは西洋コンプレックスの延長でキリスト教が扱われてきた、また「お上」に認められようとばかり努力してきたということでしょう。

　ここで注目したいのは、執筆者の一人、根田祥一氏が指摘していることです。

　「指導者の資質・未熟や、説教が貧しいなど、牧師のあり方への批判的な見方は、これまでも繰り返し言われてきたし、この調査でも少なくない。だがそれは裏を返せば、そこに牧師の役割を過大視し、何でも問題の責任を牧師に押しつけようとする信徒の牧師依存体質が潜んでいる、とも見ることができる」。

信徒と牧師のチームづくり

　実際、21世紀の宣教論として「信徒の教会の形成」を掲げる教派は少なくありません。戦後は、牧師という、言ってみれば「店の主人」が「客」である信徒を集めて教会が形成されてきたと言えるかもしれません。しかし現在、第2、第3世代になり、牧師のほうが教会の外から「派

135

遣」ないし（不適切な言葉かもしれませんが形式からいえば）「雇用」
されて赴任してくる時代になりました。立ち位置がひっくり返ったの
ですね。これに伴って、牧師も信徒も意識を変えることが今は大切な
のだと私は思います。そのとき牧師はその教会の一方的指導者ではな
く、礼拝ステージ上の演者でもなく、信徒の「コーディネーター」と
しての責任を果たすことが求められるのではないかと思うのです。そ
こで信徒と牧師はチームとなるわけです。

　そのように教会が「牧師に依存した、あるいはパワーが集中した状
態」から「信徒の教会」になっていくとき、教会が「高尚で知的な趣味、
あるいは個人的癒しの場」、つまりは「キリストの心を具体化していな
い教会」から変わり始めるのでしょう。「聖書の世界観・歴史観を自ら
のものにして生きてゆく場」にゆっくりと変わっていくのではないで
しょうか。

　信徒が日曜日だけキリスト者で、教会の外に一歩出ればすべてを忘
れる「お客さん」ではなく、教会の「主体」となるわけです。ここに「日
本の教会がキリストの心を具体化して」いる教会になっていく動きが
始まるのだと思います。牧師以上に、信徒の活躍によってこそ、キリ
スト教信仰は日曜日だけではなく、月曜日から土曜日までも日本でそ
の姿を現していけるのですから。

歴史から、福島と沖縄から

実際、2000年ほどのキリスト教の歴史においても、教会が「一部の教職者の教会」ではなく「信徒の教会」であった時代にこそ、教会はより良く質、量とも「成長」していると思われます。例えば、一番初めの教会の300年ほどの歩みがそうです。韓国における伝道の歴史を見ても、大衆から広がっていった過程にそれを思わされます（現在の韓国の教会には課題を持つところもありますが）。

逆に、一部の教職者による伝道の場合、一時は量を増やしても、同じ勢いで減ってしまうということがあります。一例を挙げれば、中世のアフリカなどがそうです。日本のキリスト教史もそうかもしれません。

そして今、東京電力福島第一原子力発電所の事故の影響を受け続けている福島に関わらせていただいて思うのですが、この国に生きる者として、「自分で考える」そして「自分とは他の考えをもつ人々と共に生きる」ということが、とても大切になっている気がします。そこでは政府や電力会社が出す情報と、他の専門家たちの出す情報がかけ離れているということがよくあるものですから、どのような食べ物が安全なのか、あるいは避難するかどうかといったことについても、意見が分かれ、同じ被害者である市民同士が対立させられるということもあります。ですから、自分の生き方は自分で決めること、そしてそれを他の人々が非難するのではなく、励まし合う関係がやはり必要になってきます。

教会においても、牧師が言ったから、誰か偉い人が言ったから、ではなく、自分で考えるということが大切になる時代でしょう。つまり、隅谷三喜男氏が提唱なさったように、「信徒の神学」というものがやはり必要になるのだと思います。それは、勝手な自己主張ということではなく、他の、自分とは意見の異なる人と共に生きることに開かれていく、その鍛錬がこの国に、そして教会にも求められている時代ではないでしょうか。そこに、本当の意味で豊かな明日が始まるのだと思います。

　また米軍基地反対運動が続いている沖縄の辺野古の海では、決して簡単ではない状況の中、それでも海を守る運動が続けられています。その運動を担っていらっしゃる方々が、以前、どうすれば運動がより成果を上げて続けることができるのか、辺野古以外で米軍基地反対運動をして成果を上げつつ長く続いている地域の方々に尋ねて回ったことがあるそうです。そうしますと、それらの地域では「外部の人たちによる運動ではなく、住民運動となったこと」、そして「眉間にしわを寄せるというより、非暴力的に楽しく行ったこと」が共通して見られたそうです。

　きっと教会も同じではないでしょうか。外部から来た牧師の働きではなく「そこに生き続ける教会員の働きとなっていくこと」、そして「楽しいこと」です。前述しましたように、教会の働きもまた運動であり、それもイエス運動を引き継いでいるわけですから。イエスは楽しい方であったに違いないと、私は思っています。

第3章
リーダーとしての教職者

牧師の離職率？

　少し気になる数字を挙げておきましょう。牧師の「離職率」です。ある教派での2008年時点の数ですが、神学校を卒業して教会に赴任し、5年以内に牧師を辞めている（あるいは無任所で長期待機中になる）率は17％、10年以内に辞めている率37％、15年以内で29％、20年以内で32％でした。

　これを見ますと、最初の10年までに3割以上の人が牧師を辞めますが、しかし10年を越しますと大体落ち着いてくることが分かります。ただこのときは特に数字が高い時期だったようで、2011年度時点でもう一度調べますと、5年以内に辞める率は11％、10年以内で19％でした。いずれにしても、どの教派でも牧師になる人々が足りない、このままでは無牧師の教会が増える、という声を聞きますので、この数は一つの考える材料になるかもしれません。

　もっとも、ここまでで考えてきたように教会の宣教は教会員全体で担うように招かれているものですから、牧師を続ける中で、自分は牧師として献身するより他のあり方でキリスト者として献身すべきだと気がつく人がいること自体は、あってよいことでしょう。

　ここではあえて「教会を仕事とすること」「職分・職業人としての牧師」について考えておりますので、現在、一般の新卒で就職した人たちが3年で3割辞める時代であり、特に対人関係の仕事における離職率は4割を超す場合が多い時代ですから、それと比べればまだ数字は低いほうだとも言えます。

　その一方で、とりあえず10年間、もしきちんとしたサポートを新任牧師が受けることができれば、そこから先は安定する「いい牧師さんに

　なったね」というケースが多いということも覚えておきたいと思います。この、牧師のサポートについては後で考えてみましょう。

　このように、牧師を辞めてしまう人々が出てくる原因は何でしょうか。新しく牧師になった本人による原因は後で考えるとして、それだけが原因ではないでしょう。一つには教派、教団の宣教段階に起因しているとも思われます。例えば、教派によるでしょうが、宣教師の撤退があります。かつては宣教師とのチームワークのもと、若手の牧師もインターン的な「研修」を受けながら牧師ができていた時代がありました。また現在良い意味でも神学が多様化したことで、しかし相談相手の見つけにくさを抱えている牧師が多くなったのも原因の一つでしょう。また神学校など、伝道者養成機関自体の課題もあるでしょう。

　ただここで考えてみたいのは、牧師の仕事が教会の期待とかみ合っていないのではないか、ということです。例えば前章でも記しましたが、戦後は牧師という「店の主人」が「客」である信徒を集めて教会を形成していたものを、現在は牧師のほうが教会の外から「派遣」「雇用」されてくる時代になり、立ち位置がひっくり返りました。それに伴ってリーダーシップスタイルも変わる必要があるのですが、実際にはそれがうまくいっていないケースもよく見ます。

　つまり信徒は古き時代のリーダーシップの強い牧師のあり方を新しい牧師に期待し、その牧師のリーダーシップが弱ければ「物足りない」と言います。では頑張ろうと強いリーダーシップを発揮すれば、「この教会のことを何も知らないのに」「若いくせに」と言い、いずれにしてもやりにくい時代に入ってきていることもあるでしょう。その摩擦の中で疲れたり、そもそも牧師とは何か、自分のすべき仕事とは何かを見失ったりして牧師を辞めていく人もいます。ですから牧師も教会もリーダーシップのスタイルについて、この辺で一度立ち止まって考えてみる必要があるのではないでしょうか。

リーダーシップの三つのモデル

では牧師のリーダーシップスタイルがその教会に適切かどうか、どう判断していけばよいのでしょうか。アメリカの戦後におけるリーダーシップ論の変遷をヒントにしてみます。M・D・ウィルソンによれば、60年代まではマルクスによる社会理解をベースとした「秩序モデル」、80年代まではウェーバーによる社会理解をベースとした「紛争・社会変革モデル」、そして現在「文化・ポストモダンモデル」に移ってきているといいます。

「秩序モデル」は、組織のための組織です。そこにある人間関係や伝統を維持するための組織で、日本の組織、教会にもこのモデルはまだ多いかもしれません。

それと変わる「紛争・社会変革モデル」によれば、組織はそこにいる人の秩序を守るために存在するのではなくて、なすべき使命のために存在するという考え方です。実際、今でもアメリカの組織、教会にもこのモデルは多いと思いますが、ミッション・ステートメントを明確にして、そのためのストラテジーを立てて、組織化を行い、結果の評価をするというものです。しかしこれは80年代後半に入って新しい意味でのグローバリゼーションが始まり出しますと、こればかりでもいけないとの反省が出てきました。このモデルだけだと、組織内は良いけれども、組織外の人々と出会ったときに軌道修正が利きにくいという欠点があったからです。

そこで第三のモデル、文化・ポストモダンモデルというものが出てくるわけです。アメリカではこのモデルをいかに教会において、そして神学において形にできるのか、といったことが教会や神学の大きな関心事のひとつになっているでしょう。冷戦構造が終わり、新しいグローバリゼーションの時代に入り、大勢の移住労働者と出会い、価値観がさらに多様化し、アメリカのアイデンティティー、教会のアイデンティティー

というものがどんどん揺さぶられているわけです。そこで極端に保守的になり、原理主義化するグループも出てきます。

　その一方で、そうではなく、新しい教会のアイデンティティーを積極的に求める、多文化共生・共創を探る教会も多くあります。アメリカの原理主義的ではない、ある教派のリーダーシップ養成部門の責任者に「あなたの教派で今求められている理想の牧師像は何か」と質問しますと、「それは変化に対応し、変化を導き出せる牧師だ」と答えが返ってきたことがあります。そしてそのような牧会スタイルが求められる教会を、文化・ポストモダンモデルによる教会と呼ぶわけです。

　ただ私は一つだけ加えたい修正点があります。ポストモダン、ではなく、ポストコロニアルなモデルを探りたいということです。グローバリゼーションは新しい植民地主義を生み出しています。その状況を「上手くしのぐ」方法として文化・ポストモダンモデルを利用することもできますので、そうではなく、はっきりと植民地主義に「否」を言う「文化・ポストコロニアルモデル」を探りたいのです。そのモデルによる組織は、自らの外の人々、特に小さくされた人々と出会い続けます。その出会いの中で、自らの使命を、ミッションを柔軟に考え直していきます。

　牧師のリーダーシップスタイルも、この三つのモデルで変わってくるでしょう。「秩序モデル」ですと、組織秩序を守る権威ある強いリーダーシップが求められてきます。そのために牧師の職分があまり問われず、身分ばかりが強調される場合もあります。「紛争・社会変革モデル」ですと、教会で定められたことをきちんと理解し、実行するリーダーシップが必要とされます。近代的なスタイルですが、教会が単なる組織ではなく、キリストの体であることを自覚するならば、そこに修正が必要でしょう。つまり「大人・男性・白人」のみをその成員モデルとしてきた、そして実はその人々＝マジョリティが定めたことを教会や組織の定めたこととしてきた近代主義の課題を見直していくことが必要となっ

てくるでしょう。なぜなら、キリストの霊は、聖霊は、今も動き、働き、教会を導いているからです。私たちは自らのミッションを、無秩序にではありませんが、キリストの平和に従って（コリントの信徒への手紙Ⅰ、14・33）、十字架の方向に従って、小さくされた人との出会いの中で、謙虚に見直す必要があります。それはいつもその時々の人間の思いをいつしか越えていくものでもありましょう。風が、聖霊がどこへ吹いていくのか知る人はいないのですから。

　この動きに対応できる組織が「文化・ポストコロニアルモデル」ですが、そこで牧師は権威主義的であってはいけませんが、かといって教会の内側だけで、その決められた秩序だけに従って動いているわけにもいきません。教会員のためにも、小さくされた人と共に、教会の外にもいるキリストを指し示していく働きが求められています。そしてそれは教会員対牧師の対立を招くというより、実際私たちクリスチャンというものは、そのように神によって日々新たにされることを望んでいる、そのことに応えるものではないでしょうか。

信徒と牧師の健全な「ズレ」

　「文化・ポストコロニアルモデル」のリーダーは、上から（だけ）のリーダーでもなく、下から（だけ）のリーダーでもなく、そのときの状況、テーマによってリーダーシップスタイルを変えるリーダーです。『牧師とは何か』（日本基督教団出版局）で監修者の越川弘英氏が「群れの後ろから歩むリーダーシップ」「先頭に立つリーダーシップ」「群れと共に歩むリーダーシップ」の三つを挙げていることとも関連するのでしょう。

　そこでは「羊飼い」が牧師というリーダーのメタファとして挙げられています。もちろん、それは聖書的な大切なメタファです。ただ、教会のチームリーダーとしての牧師を考えるときに、もう少し別のイメージを挙げることも許されるでしょう。

　例えば、ある教派のリーダーシップ養成部門の責任者は牧師のイメージをこう語りました。「羊飼いというよりも、羊の群れに紛れ込んだヤギ」。なるほど、大牧者はキリストだけで、羊と人間はやはり決定的に違うものですから、働きや役割の違いということだけを表現したいならば、また万人祭司（教派でこの言葉の理解も異なりますが）ということを考える際にも面白い表現ですね。羊たちはヤギが１匹いることでよい緊張をするかもしれません。しかしヤギは、やはり大牧者に飼われているただの１匹にすぎません。あるいは牧師は、羊は羊でも、少し商品としての価値が劣るとされた（この世の価値観とは別の世界を示す）ぶちとまだら、黒みがかった羊（創世記 30・32）と呼べるかもしれません。

　確かに、牧師がリーダーとしての職分を持つ以上、具体的なところでまったく他の信徒と同じならばその職責を果たせないのでしょう。ヤギにせよ、ぶちとまだらの羊にせよ、少しだけ「異物」となるのも仕事のうちかもしれません。複数の教会で、牧師と信徒に教会に関するいくつかの同じ質問をしたことがあります。ある教会は牧師と信徒の回答がほぼ一致しており、ある教会は少しズレており、またある教会は大変異なった回答がなされていました。そして教会のプログラム頻度や礼拝出席率など、その教会のいわば現在の「勢い」と関係しそうなものと比べてみますと、牧師と信徒の回答が少しズレているところが、最も持続可能かつ活発な活動をしていました。回答がほぼ一致している教会は、大変和やかなムードなのですが、同時に新しい人や事柄が入りにくく、言わば「沈滞」している様子もうかがえましたし、逆に回答が大きく異なっている教会は、教会が一つの宣教にむかって協力している様子がうかがえませんでした。

　牧師と信徒はズレ過ぎても、ズレなさ過ぎても、どうもうまく教会の使命を果たしにくいようです。牧師と信徒の「健全なズレ」というものがあるのでしょう。やはり姜尚中氏が言うように「リーダーは半歩前

を歩け」ということでしょうか。そのように牧師は、ある意味、教会の「ちょっとした異物」である仕事もあるのでしょう。それは何も、牧師が勝手気ままに無茶をしてよい、ということではもちろんありません。人間にとっての最大の異物、人々を真に解放する異物である、神の言葉をその教会の人々に、地域の人々に投げ込む、宣教する務めを牧師が淡々とし続けるとき、牧師は気がつけば健全な異物となっているのだと思います。

　ですから、やはり牧師は孤独な仕事だと思います。しかしボンヘッファーが言うように、牧師でも、誰でも、独りでいることができる者だけが人々と共に歩めるのでしょう。

チームリーダー、あるいはコーディネーターとしての牧師

　牧師を教会というチームのリーダーだと考えてみますと、牧師（リーダー）の働きを考えるためには、まず先にキリスト者の一人ひとり、そして教会（チーム）の働きを考える必要があります。先に記しましたが、教会の基本的な働きとして、コイノニア（交わり）、ケリュグマ（伝道）、ディアコニア（奉仕・平和づくり）が考えられます。牧師の仕事も、この三つの教会の仕事に仕えることでしょう。

　牧師が直接この共同体形成、伝道、奉仕を行う場合もあるでしょう。その教会がまだ始まったばかりのときや、規模が小さい場合などは特にそうでしょう。しかし、すべての教会でいつでも牧師が直接的にそれらの働きをする必要もありません。教会員がそれらの働きができるように、つなぎ合わせる、整える仕事をするということで、教会は質的にも、量的にもその働きを広げるのだと思います。

　その際、牧師は教会員一人ひとりの働きをつなぎ合わせ、整えて、教会全体の働きとしていく人、つまりコーディネーターとも言えるでしょう。これはエフェソの信徒への手紙（4・12）にある働きです。「聖な

る者たちを整えて奉仕の働きをさせ、キリストの体を造り上げ」（聖書協会共同訳）とあります。これはキリストがいかに教会をつくっていくのかということを記した箇所です。教会にはこの「聖徒たちを整える」という働きが必要で、基本的にこれを牧師も行ってきたのでしょう。

　この「整えて」という言葉と、マタイによる福音書（4・21）にあるイエスと弟子が出会う場面の、網を「繕う」という言葉は、同じ語源のギリシア語から来ています。網が破れてしまう。バラバラになった糸を1本1本つなぎ合わせる作業が、繕うという作業です。それと教会を建てる、人と人をつなげる、「整える」というのが同じ言葉なのです。個性をもった一人ひとりを喜び、それをつなぎあわせるのです。

　このつなぎ合わせる働きの先に、「幼子や乳飲み子の口に、あなたは賛美の歌を整えられた」（聖書協会共同訳マタイ21・16、この「整えられた」は4・21と同じ言葉です）とあるような、この原発事故後の世界にあって、後回しにされようとしている子どもたちこそが喜びの歌を歌うことができるようになる、そんな教会の働きも形を取り始めるのでしょう。

　ですからこのつなぐ仕事は、後回しにされた人々をつなぎ戻し、正すべきを正して整える、私たちに神から授けられた「和解の務」（Ⅱコリ5・18）ではないでしょうか。

　このように、牧師は人々をつなぎ、整えるチームリーダーであり、コーディネーターと言えると私は思います。

牧師の三つの働き

　では具体的にこの牧師の働きはどのようなものとなるのでしょうか。よく牧師には三つの基本的な働きがあると言われます。それは「説教」「牧会」「教会運営」です。この三つの働きも、教会の三つの働きに仕える、牧師のつなぎ合わせる仕事、つまりチームリーダーあるいはコーディ

ネーターとしての働きととらえることもできるでしょう。

　まず教会運営を考えてみましょう。これは先ほど申しました、共同体形成、つまりコイノニアという教会の働きに仕える牧師の働きであるということもできるでしょう。礼拝や教会学校の活動計画を立てたり、執事会や役員会を開き活動計画を練ったり、各会活動を行ったり、あるいは会堂建築や伝道所運営を行ったりします。小規模な教会では、牧師がこれらをすべて直接行う場合も多いでしょう。しかし、必ずしも牧師が直接これらを行う必要もありません。

　共同体形成の働きとして、例えば、教会の幻や目標を言葉にまとめる仕事というものを牧師に期待される教会もあるでしょう。教会も含め、非営利団体のリーダーにとって必要な仕事は、二つあると言われます。一つは、その団体の目指しているものを明確に言葉にすることです。幻を明確にすると言ってもいいでしょう。もう一つは、信頼関係を築き上げることです。神の家族としてのつながりの中で、一緒に働いているということを実感し合える関係を築くことです。

　この両者とも、信徒の協力がなければできないことです。何を教会の幻、目標とするのか、牧師が勝手に宣言しても、有効には働かないでしょう。丁寧にその教会の人々の言葉に聞き続けなければ、さらに言えば、地域と、そして何より聖書に聞き続けなければ、言葉にしようがありません。また、信頼関係の形成に信徒の協力が必要なことは言うまでもありません。

　次に、牧師が具体的に行っている仕事として説教があります。これは先ほど申しました、伝道あるいは預言、つまりケリュグマという教会の働きに仕える、そのための牧師の働きととらえることもできるでしょう。しかし、説教は牧師が一人でする仕事であって、人々をつなぎ合わせる仕事とは言えないと思われるでしょうか。

　ただ説教は、教会の仕事に仕えるものです。少し単純化して申します

が、牧師にとって説教を語る前の１週間、教会の人々の言葉を吸い上げるのも重要なことではないでしょうか。聖書に裏打ちされた、その信仰の言葉を聞き取るのです。そして牧師は教会員の代表として、この世界へ向かってその信仰を宣言する。そう思えば、説教は、教会員全員の、共同の業です（ですから、「今日の説教は恵まれなかった」という感想が生まれたならば、その責任の半分は聞いている自分にあるとも言えるかもしれません！　説教が語られる前に、牧師と自分の信仰の言葉を、祈りを共にできなかった自分の責任だと思うのです。ただ後の半分は、説教者の責任ですけどね……）。

　最後に牧会があります。これは先ほど申しました、奉仕、平和をつくり出す働き、つまりディアコニアという教会の働きに仕えるための、牧師の働きととらえることができるでしょう。

　牧会と言えば、個々人と向き合う仕事とよく考えられます。ドイツ語で牧会は「ゼールゾルゲ」＝魂の配慮ですから、それも正しいです。心理学的な癒しをその人に与えるということが、本来の意味ではありません。聖書のみ言葉を、生活の場面で、神の国の広がりの中で分かち合う、伝えるということです。

　そして、牧会を英語で「パストラル・ケア」と言いますが、これには社会的な奉仕、平和をつくり出す働きも含まれます。ですからやはり、牧会は神の国を待ち望む奉仕・平和をつくりだすという教会の働きに仕える、牧師の働きと言えるでしょう。

　これも牧師が直接行うものと、牧師がつなぎ合わせて、教会として行う場合とあるでしょう。牧師が直接動かずに、教会員同士で牧会をすることを、相互牧会と呼ぶこともあります。相互牧会をするならば、牧師は必要ないのではないかと思われるかもしれません。お互いにお互いを配慮すれば、それでいいのではないかとも思われます。確かにそのような場面も多いでしょう。ただしやはり、教会がキリストの体という、個

人ではなく群れであることを考えると、ここでも、つなぎ、整えるという仕事が必要となる場面が生まれます。

　お見舞いの例を考えてみましょう。ある教会では、重い病で入院されたある方のお見舞いを、牧師だけに限定したことがあります。なぜその教会がそのようにしたかと申しますと、このような理由でした。その方が、死にかかわるような病に対して、立ち向かおうとされているのか、それとももはや受け止めようとされているのか、揺れていらっしゃったということです。それをその時々に、教会のさまざまな人が来て、ある人は、その入院している方が病に立ち向かおうとされていると思い、励ます。またあるときには別の教会員が来て、その方が病を受け入れようとされていると思い、慰める。ある人は励まし、ある人は慰める。これをバラバラにやられたら、お見舞いに来られる方がまいってしまいます。

　そして、そのとき、その方がどういう気持ちでいらっしゃるのか、病気がどのような状態にあるのか、誰にでも話せばいい、というものでもないでしょう。今は多くの人には話したくない。でも誰かには聞いてほしい、一緒に祈ってほしい。だから話すなら顔と顔を合わせて直接、丁寧に話したい。そういう悩みというのは、誰にでもあるものです。

　その場合、直接話を聞いた人には守秘義務というものが生まれてきます。このような働きは誰かに限定されるべきでしょう。そしてそれを牧師が担ったわけです。

　教会という、群れとして一人の人に向き合うというとき、そういうことが起こります。やはり人々の気持ちをつなぎ、お見舞いのやり方を整える必要が起こることもあります。それを多くの場合、牧師が行ってきたのでしょう。

　このように牧師の仕事は、教会の仕事のコーディネート、つまり教会員をつなぎ合わせ、また教会の一つひとつの仕事をつなぎ合わせて整え

る仕事だということが、多くの場合言えるでしょう。牧師は教会の仕事に仕えるものです。そしてそのために、教会員一人ひとりの信仰や、賜物と向き合う必要があります。それらをよく知って受け取る必要があります。そして、それらを他の教会員の信仰や賜物とつなぎ合わせ、教会の仕事として整える必要があります。このように教会員と牧師の協力のもとでの、つまりチームでの働きが活かせるし、望まれるわけです。

　しかし、これは何も新しいことを言っているわけでもありません。まず総会や、執事会、役員会を丁寧に活かせば活かすほど、豊かな教会形成ができるということが言えます。そしてさらに言えば、牧師が直接行っている仕事を、少しずつ他の教会員が担い、牧師はそのつなぎ役、整え役になることで、教会の仕事を質、量共に豊かにしていくこともできるでしょう。例えば、いわゆる信徒説教や、相互牧会の整えなどが考えられます。

　その際、考えておきたいことですが、何が牧師の責任であり、権限であるか、できる限りはっきりさせておくことは有益でしょう。あらゆる仕事において言えることですが、人は自分の責任と権限が不明確なときにこそ、大きなストレスを感じます。一人で仕事をする場合は、すべてが自分の責任で、すべて自分が決めていい権限を持っているので、話は早いです。しかしチームで行うということは、誰がどの責任と権限を持っているのか、丁寧に話し合う必要があります。しかしそれをすれば、人数分以上の仕事ができるようになります。

　そして実際に、何が牧師の責任で権限なのか、書き出していくと、どうもはっきりしないあいまいなところが出てきます。そのときに必要なのは、信頼関係とユーモアでしょう。やはり教会の人々と信頼関係を築くことは、チームで仕事をするために最優先される仕事と言えるかもしれません。

牧師の三つのスキル

　このようなチームリーダー、あるいはコーディネーターとしての牧師に必要な技術、スキルといったものはあるのでしょうか。いささか古典的ですが、ハーバード大学教授であったロバート・L・カッツのリーダーシップ論からヒントを得ることができるかもしれません。

　カッツはマネージャーやリーダーが必要とするスキルが三つあると言います。テクニカル・スキル（仕事をしていくための専門知識や技術）、コンセプチュアル・スキル（状況や事柄の本質を見極め、言葉にし、問題を解決したり、組織を適応させたりする技術）、ヒューマン・スキル（人間関係を築く技術）の三つです。

　これはリーダーとしての牧師にも必要とされるスキルではないでしょうか。まずテクニカル・スキルとして、神学や聖書の専門知識が必要となります。あまり説明の必要もないでしょうが、これがなければ聖書に立つ説教はできず、ケリュグマの働きに仕えることはできません。神学校の授業でこのスキルを得ることができます。そして長く牧師をするためには、でき得る限り身につけ続けたいスキルです。

　次にコンセプチュアル・スキルとして、教会形成と運動や社会の形成をするスキルが考えられるでしょう。地域の状況をつかみ、教会の次の一歩を考える。そしてその地域で、キリストの平和を求める運動をいかに起こせるのか。コイノニアの働きに仕えるために必要なスキルでしょう。

　本書で考えてきた多くのことも、このスキルに属します。これは神学校の教室というよりも、実際に教会で経験を積むことや、それに基づく牧師同士の勉強会などで得ることができるスキルでしょう。

　そしてヒューマン・スキルとして、牧会のスキル、あるいはコミュニケーション技術というものが考えられます。単に上手に振る舞うという

のではなく、いのちをいのちとしてきちんと向き合う、ということです。ディアコニアの働きに仕えるために欠かせません。神学寮の共同生活でも身につくでしょうが、神学校に行く前、その教会生活で、また日常生活で身につけるべきスキルでしょう。

天才は要らない、土の器がいい

　教会という共同体やチームのリーダーという「プロ」としての牧師には三つの基本的なスキルがあるのではないかと申しました。言ってみれば「神学スキル」（専門知識スキル）、「教会形成スキル」（組織・運動形成スキル）、そして「牧会スキル」（人間関係スキル）です。

　神に仕える牧師を人間的なスキルで考えるなんて……と思われるでしょうか。ただ「スキル」という考え方はある意味、公平（フェア）なのです。スキルは、天才でなくても、誰にでも与えられている賜物から磨くことができます。特別な人ではなく、誰でも、神から召され、教会から立たせられるならば、牧師になることができるわけです。そもそも牧師になるための「資質」といったものはあるのでしょうか？　私は決定的と言えるほどのものは無いと思っています。スキルという言葉を使ったのは、それは誰でもトレーニングすれば平等に身に着くものだと思っているからです。

　ただもしそれでも、どんな仕事にも適性があるように、牧師という仕事に適性があるとすれば何でしょうか。神学校の教員をする中で思うようになってきたことがあります。一つは、大きく言って自分を「受けとめている」かどうかです。いえ、誰でも多かれ少なかれ受け入れがたい自分を抱えています。ですから、神学的に言えば「キリストに自分が受けとめられていることに信頼していること」でしょう。別の言い方をすれば、自分の問題を解決するために、他の人を利用しないでいられることです。何か牧師という仕事をする、教会で他の人と接する、そのこと

で自分の満たされていない何かを満たそうとする、そのような場合には、神学校に来る前にもう少しじっくり自分の問題に向き合ってあげることが、その方の人生にとって大切なのではないでしょうか。

　もう一つは、人の話を聞けることです。うまく話せなくてもいいです。聞けることです。神学的に言えば「この人もまたキリストに受けとめられていることに信頼していること」でしょう。聞けるということは、自分が変わる勇気を持っているということです。神学校では自分の教会観、信仰理解を揺さぶられ幅広く学ぶ必要があります。しかしこれまでの経験を一度手放すわけですから、楽ではありません。特に色々な業績をすでに積み上げてきた人が新しい生き方に変わるのは辛いです。ただ神学生は必死に挑んでくれています。そもそも神の言葉は聴く者をそのつど揺さぶります。「自分を一度手放し、自分の十字架を背負ってキリストに従う」献身の姿にこそ、牧師となるための（そして神学校の教員の！）「資質」があるのでしょう。

三つのスキル・三つの悩み

　では、いかにそれらのスキルを磨くかについて話を戻しましょう。実際、牧師はどのようなことに悩み、時として「燃え尽きる」のでしょうか。藤掛明氏と衣笠詩子氏の「日本のプロテスタント牧師の疲弊研究—牧師のストレス類型とその臨床像の検討」（『聖学院大学総合研究所紀要』No. 47、2010年）は数十名の牧師に対するアンケートと、その上でのインタビューによる心理学的調査により、興味深い結果を示しています。それによれば牧師がストレスを感じ、また時に燃え尽きるケースには3類型があり、第1類型は「教会の覇権争いというストレス要因」群、第2類型は「信徒の世話役というストレス要因」群、第3類型は「牧師としての資質の限界というストレス要因」群です。第1類型の「教会の覇権争い」は、具体例としては「教会の伝統や慣例が多く、牧師のリーダーシッ

プが発揮しにくい」といったことが牧師に過度なストレスを与えている
ケース群です。これには当然教会の側の問題がありますが、牧師側の課
題で言えば教会形成スキルが足りない、あるいはうまく発揮されていな
いゆえに起こるのではないかと私には思えます。また第2類型の「信徒
の世話役」は「信徒からの相談ごとへの対応の負担」といったことです
が、これは牧会スキルに関係しているでしょう。第3類型の「牧師とし
ての資質」は（「資質」という言葉に引っかかる部分もありますが）、「牧
師の使命感や目的意識の問題」といった悩みから起こることで、単純に
神学の学びが足りないというだけではないでしょうが、信仰の言葉化と
いう意味での神学や心理学なども含めた広い意味での専門知識の課題が
あるのではないかと思えます。やはり三つのスキルの課題が、三つの悩
みとして現れているようです。

継続した学び

そこでやはり継続した学び、「スキル磨き」というものが牧師には、
教会のために、そして自分を守る意味でも必要となるでしょう。先ほど
の藤掛氏は、日本の牧師はまるで映画『ランボー』の主人公のようなも
ので、敵の大軍に一人きりで、それも素手に近い状態で立ち向かってい
るようなものだと指摘します。牧師はランボーのように孤立した「天才」
でなくていいのですから（戦争したらダメですしね）、やはり神学校を
卒業しても継続的に学び合う仲間が必要です。牧師たちが自主的に行う
方法もあるでしょうし、教派、教団としても、悪い意味での宣教論の管
理になることには注意しつつ、ただ牧師のサポートとなる継続研修のた
めに何らかの方法がとられるべきだと思います。

「説教塾」「牧会塾」といったエキュメニカルな学びの機会があること
を嬉しく思います。また日常的にその学びが続くようにと、それぞれの
地域で牧師たちによる学びのグループや、その地域の神学校などがその

教室を開放して学べる機会もあることでしょう。今後、日本の宣教のためにそれらの学びを牧師の皆さんで「楽しんで」いきましょう。

　また牧師には、自分の牧師が必要なのだと思います。いつも講壇から語るだけではなく、聞く立場に身をおいたり、牧会される立場に身を置いたりするわけです。牧師の牧師、メンターは大切に思えます。教派によっては昔から今もそれがシステムになっている場合もあるでしょうし、そうではない教派でもかつては赴任した地域にいる先輩牧師を助言者として頼りにしたものです。しかし今、良い意味でも神学は多様化し、近くにいる先輩牧師と必ずしも宣教論が一致するわけではなくなっていると思います。また情報がありすぎて、かえって人間関係が希薄な時代にもなりました。そこで近年、愚痴を聞いてくれるレベルの人格的な助言者、メンターとのマッチングを神学校が卒業前に整えるケースも出てきました。これらを含め、今後さまざまな方法が必要とされるでしょう。

　また牧師の経験年数によっても、その課題は変化してくるのかもしれません。新任牧師と、牧師経験10年目の牧師、また20年以上の中堅世代ではその課題に差が出てくるでしょう。その時々の課題にフィットした学びが必要に思えます。さらに、牧師が働きを終えて退任する際には、それまで経験してこなかった大変難しい、一人だけではうまくできなくても当たり前の課題に直面していきます。その事前の学びはたいへん重要に思えます。

　では経験年数別にどのような学びの内容が必要なのかということで、ここでは一例として新任牧師の課題は何か、ある教派で調査した結果をグラフにまとめてみました。（表3）

　これは牧師になってから1〜5年までの人たちの状況について調べたものなのですが、1割が辞任しています。しかし6割までは、外部からの関与が必要といったところまでの課題は抱えていない人々です。

　残りの3割は何らかの形で積極的な研修が必要に思える人々であり、

表3

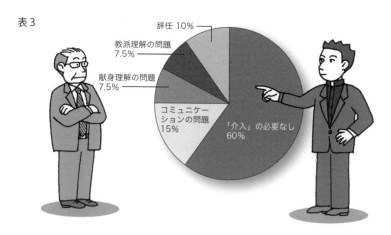

辞任 10%

教派理解の問題
7.5%

献身理解の問題
7.5%

コミュニケー
ションの問題
15%

「介入」の必要なし
60%

その半分の15％ですが、多いのはコミュニケーションの問題です。ご
く単純に、挨拶ができるのか、教会の人々と遠すぎも近すぎもしない健
全な距離感を保てるのかなどですが、これは新任牧師にとっては最初の
一番の課題になるようです。第2に問題となるのは、献身理解の問題で
す。具体的に言えば、自己実現として牧師になったために、自分のイメー
ジと教会が違った場合、あまり話し合うことなく、次を決めることなく
その教会を辞めたりするケースです。第3に問題となるのは教派理解の
問題です。これはその教派ではない他の教派出身の方々が牧師になった
場合、その教会理解の違いから、良かれと思ってした働きが裏目にでる
というケースです。

　このような結果が見えてきますと、新任牧師の場合まず継続した学び
でテーマにしたいものはコミュニケーションの問題、つまり牧会スキル
だということになるのでしょう。ただこれは新任牧師についての課題で
して、もし10〜15年の経験をした牧師たちで調査をすればまた別の課
題が見えてくるでしょう。例えば神学スキルは、新任時よりもかえって
重要視されるかもしれません。なぜなら、例えばきちんと聖書釈義をし
なくても、10年間毎週説教をしていると「思い込み」で「なんとなく説教」

できる「スキル」（！）が身についてしまうものですから……しかしそれはもはや説教ではないですものね。

牧会スキルについて

　新任牧師にとって課題になりやすい牧会スキルについて、もう少し考えましょう（もちろん、これは新任だけではなく、すべての牧師の課題ですが）。スキルという言葉を使っているのは、その人が天才でなくても、トレーニングで身につけることができるフェアなものだからと申しました。天才的なひらめきや、自己流を超えて、スキルは学んで身につけることができます。例えば教会で衝突があった場合それにどう対処するのか、自己流だけですと、うまくいくことも多いけれども、時々大失敗をするということがないでしょうか。一例にすぎませんが、S・B・リーズの教会での実例に基づく研究からは幅広いやり方を学ぶことができます（*Discover Your Conflict Management Style*, The Alban Institute, 1997）。彼によれば衝突に向き合う方法は一つだけではなく、その衝突の内容によってそのやり方をいかに使い分けるのか、引き出しを多くもっていることが重要だといいます。そこでは具体的に六つのやり方が述べられています。信頼関係が厚くて衝突度が低い時の「説得」、人権に関わるようなときの「督責」、人々が冷静さを欠いているときの「回避」、共にルールを守って何かをつくる意識があるときの「協力」、「協力」よりも緊張レベルが高いときの「交渉」、実際は自分の問題ではない場合において、その問題を抱えている当人への「支持」の六つです。このようなツールを使ってみますと、案外私たちは衝突しなくていいところで衝突し、あるいは衝突すべきところで衝突せずに、いずれにしても悩みを大きくしていることに気がつきます。

　また牧会スキルについて考えるとき、パワーとハラスメントに関しての考察も重要に思えます。教会は他の社会的組織以上に、パワー・ハラ

スメント、セクシュアル・ハラスメント、スピリチュアル・アビューズ（霊的ハラスメント）が起こりやすい環境にあることをまず知っておくべきだと思います。例えば2014年、東京地裁である牧師が性加害を認定され、女性信者らに対する計1540万円の賠償を求められました。このような犯罪の例が複数起こっています。教会は、そして牧師は神の言葉を語るというだけで「パワー」を手にしています。他の社会的組織でハラスメントを行う人はその人個人の肩書などを使ってハラスメントを行うのでしょうが、教会では個人を超えて神の名を使ってハラスメントを行うのですから、一般社会のケース以上に始末が悪いです。「いや、牧師も一人の人間で無力だ」と言ってみても、相手がそう思っていなければ仕方ありません。問題はパワーをいかに、そのパワーの本来の源である神の意志に従って（それは和解の業のためでしょう、Ⅱコリ5・18）使うかでしょう。そのパワーの誤用、濫用が教会における暴「力」となるわけです。牧師に求められる以上にパワーを使った信徒の生活への介入はハラスメントになりますし、また逆に牧師に求められているパワーを使わずに関わりを回避することは無関心という別の暴力を生みます。各個教会の中でハラスメントが起こる場合その介入はたいへん難しくなりますから、これも教派、教団としての防止システム、介入システムを事前に持っておくことが必要でしょう。

　このようなハラスメントが起こりやすくなる原因として、牧師が自分のストレスを管理できていないということが大きな要因として考えられます。その「暴力」が教会や信徒へ向かわなくても、牧師の家族へ向かうこともあります。かつて家庭内暴力加害者たちの更生ミーティングの仕事をしていたカウンセラーの友人が、概してそのメンバーに牧師が多いと教えてくれたことがありました。その牧師たちは、教会では「良い先生」なのかもしれません。そして教会で「我慢」した分だけ、家族にあたるわけです。牧師が家族を犠牲にすることも、その牧師がまだ牧師

として一人前の「プロ」ではないしるしとなるのではないでしょうか。
　ストレスの内容については先に挙げた 3 類型を参照してください。そしてそれを乗り越えるためのスキル磨きの提案をしてきました。しかしこれも上に述べた、衝突にいかに向き合うかと同じで、立ち向かうばかりが方法ではないでしょう。たまには現場を離れましょう。どうぞ共に、7 日に 1 度は本当に安息するときを持とうではありませんか。それが私たちのいのちを創られた神の意志であり、恵みなのですから。

第3部

対談

教会の明日を

考える新たな視点

対 談

教会の明日を考える新たな視点

マネジメントをめぐる誤解

島田　「経営」や「マネジメント」というと、何となく企業のものだというイメージがあります。現実に私も、大学へ入る際に経済学部と経営学部がありましたが、経営学部は企業のお金儲けの勉強だなと思い（笑）、それではスケールが狭いからと考えて経済学部に入りました。でも実際はそうではなく、授業で経営学を学んだり、NPOや教会に関わるようになると、企業ばかりでなく、行政であっても、非営利組織、教会であっても、経営は大事な仕事なのだと気がつきました。そして、組織はどうすればより有効に目的を果たしていくことができるか、組織の維持・運営・発展のためにはどんなことができるかと考えるようになりました。

　そういう意味で、例えば高齢者へのケアをどうしたらいいか、どんなイベントをしたら地域の方々が集まっていただけるだろうかなど、現実

にマネジメントそのものをやっているわけです。でも、教会にはマネジメント＝「組織が大きくなるための手段」という思いがあって、教会にはなじみがないばかりか、むしろそれはやるべきものではないという誤解さえあったと思います。かつては私もそのように考えていたかもしれません。

　しかし教会も、自分たちに与えられたミッションを達成していくためにはどうしたらよいかということを、少し体系的に考えてみることが大事ではないでしょうか。私は企業において、成果を客観的な数字で問われるような部門にいました。うまくいっていなければ、否応なくマネジメントを工夫して実践しなければならない現実がありました。教会も、誰もがそこで生きる意味を感じ、自分の居場所になっていくことができ、広くミッションの実現に役立っていくようなあり方を考えることがマネジメントだと思うんです。このことをぜひ多くの方に、特に牧師やリーダーの方々に理解していただきたいと思います。

――教会では、なぜマネジメント的な発想が受け入れられてこなかったのでしょうか。

濱野　経営というものを考えるときに、日本にしても世界にしても、自己拡大をしていくための手段であって、聖書の物語と相容れないと直観的に感じるというのがいちばん大きい気がします。イエスは後回しにされた人たちと極めて非効率的に生き、最後は十字架に架かっていくわけですが、ある意味で教会の現場も、教会によりますが、イエスのような非効率的な部分はあるように思います。

　私が最初にいたのは宮城県仙台市の礼拝出席数9、10人という小さな教会でしたが、とにかく目の前のことをやるしかない、礼拝をして訪問してと、マネジメントも何もありませんでした。教会は経営とは関係

ないというような思いはありましたし、そういう感覚のある牧師は少なくないのではないかと思います。ただその中で、若く神学校を卒業したばかりの牧師として一生懸命働くわけです。チラシを配ってみたり、特別集会をやってみたり。小さな教会ですから謝儀もそれほど高くありませんので、ミッションスクールで教えたり……。やたら忙しいし疲れるけれど、その割には目に見えた形での成果がそうそう上がらないわけです。自分はいったい何をやっているんだろうと思いました。もしかして、やらなくていいことまでやっているのではないかと。

　当時、私自身が宣教論や教会の運営に関していちばん最初に取り組んだのは読書会です。ドロテー・ゼレの『神を考える』という神学書を牧師仲間と読みました。ドロテー・ゼレは極めて社会的な神学者ですが、ケリュグマ、コイノニア、ディアコニアについて書いていて、教会でいったい何をしているか、その意味とは、何か偏っていないか、ということを言葉にしてくれていました。自分が何をしているのかが言葉になると、やる元気も出てくるわけです。やらなくていいことはやらないし、本当にやらないといけないことだけをやる。また、方法に関しても今はこれをやる、その後はこれをやると整理していく。小さな教会で牧師をしていたころに、この発想が生まれ、宣教論と教会のマネジメントに関心が向き始めたのは確かです。

　その後、日本バプテスト連盟宣教研究所という、諸教会と牧師たちへの支援・研修を行う機関に職を得て、そこでさまざまな教会と出会いましたが、実際に多くの教会はいい意味でも悪い意味でも、自分たちの組織が明日も続くことのためだけに動いているのだとつくづく思いました。企業も含めて、人間の組織にはそういう側面もあるかもしれませんが、それではやがて高齢化して消えていく、いい意味でも悪い意味でも。ただ現実に、やたらと疲れる割には、渇いた思いしか残らない教会の人々も多い。ここを変えるためにはどうしたらいいかと考えて、アメリカに

渡りました。アメリカには教会マネジメントを専門に研究している学者たちがいるからです。

　それまで日本に伝わってきたのは、神学抜きのノウハウか、あるいは神学だけで具体的な方法論がないものか、どちらかだった気がします。アメリカでも、もちろんさまざまな議論がありますが、極めて共感できて社会的にも開かれたドロテー・ゼレに似た考え方をもった研究者たちがいる。そういう中で、批判的に、教会が自己満足の場になるのは危ないと思いましたし、かつての自分のようにいくらがんばっても自分が何をしているかよくわからないと思っている牧師たちを応援することができれば、との思いで勉強しました。

　今は、ルカ福音書にある、コンツェルマンなどがいう「教会の時代」です。創造から始まり、イスラエルの時代があり、イエス・キリストの時代があり、そして今、我々が生きている教会の時代があり、やがて終末があるという、ごくオーソドックスな救済史観かもしれないその中で、我々がどこから来てどこへ行こうとしているのかを考えます。そこで、時代によって柔軟に形を変えながら有機的に進んでいく。教会の時代という物語の舞台の上で、今やらなくてはいけないこと、言うべきセリフを意識していきたいと思います。

　そういう意味でもマネジメント、ミッションをその時々の言葉にしていく。もちろん、ここは黙るときだ、何もしないときだと立ち止まる必要も意識する。これがわかると、ただいたずらにがんばって疲れ果ててしまうことから解放され、教会は元気が取り戻せるのではないかと思います。マネジメントというものを毛嫌いしてしまうのは、とてももったいないと思います。

島田　一人ひとりへの福音の伝道が基本であるとしても、そのためにたくさんの人を福音に招く機会を工夫することが大事だと思いますね。

――教会の受けとめはどうでしょうか。

濱野　昔ほどアレルギーはなくなってきた気がします。かつては教勢拡張主義だ、きわめて右寄りだ、教会派だ、福音派だと言われました。社会的なことに開かれた人たちからは、ノウハウなんてくだらないとか、聖書とは何の関係もないんだという声もあったと思います。しかし、社会運動をするにしてもNPOにしても、マネジメントが必要です。そうでないと、あっという間に無責任で自己満足なものになってしまうところがありますので、今は、福音派か社会派かというような区別は、トータルで見るとなくなりつつあるようにも思います。しかし同時に、そうだとしても、教派、教会によりますが、今また振り子が戻り始めているかもしれないと少し危惧しているところもあります。ただ全体としてはマネジメントに関心を持ち始めてくれているし、逆に、数を増やすことが至上命題だと思っていた教会が、果たしてそうだろうかと立ち止まって、やるべきことは何かと考え始めています。

　社会的な活動をしている教会のほうが数も増えることは、社会学的調査から言えそうです（113頁**「教会って何をやっているの？」**参照）。けれども、数を増やすための手段として社会的なことをやるのでは、本末転倒になってしまう。そもそもイエスは、みんなと一緒にご飯を食べて、誰も友のいない人のところに行く、という素朴なところで働きました。これが本来の教会の姿なのだと理解してくれている人たちや、伝道だけではなく、奉仕、ディアコニアの要素も立派な教会の使命の一つなのだということを理解して受け入れてくれるところもあるので、あれかこれかといったことは少しずつ超えられている気がします。

島田　確かに、社会派か福音派かとセパレートしない流れは出てきてい

るかもしれません。そして、教職の先生方も、運営全体のことを学ぼうという機運は出てきているかもしれませんね。ちなみに関西学院神学部では、教会経営論という講座があります。これはかなり早くから開講されていますが、濱野先生のおっしゃるようにマネジメントの重要性が意識されてきていると思います。

濱野 本当に大切なツールなので、何のために使うのか、どこの方向に行くのかが重要ですね。マネジメントという言葉は、ラテン語まで戻れば「手の業」です。手で、しかも馬を手なずけるという意味です。鞭ではなく手で馬を導いていく。どっちの方向に物語が行こうとしているのか、この道はどこに続いているのか、この馬はどこに行こうとしているのか、それさえはっきり見えて、つながっていると思えれば、安心して乗り出せると考える教会も増えていくだろうと思います。

　しかし、これが何のために使われるツールなのかをミッション抜きで語られてしまうと、恐怖でしょう。下手をすると教会を教会でなくしてしまうだけの威力も持ってしまうかもしれませんので、その恐怖はよくわかります。でも、望み、求めるべき方向で説明し、考えていく中で、少しずつ何かが変わってくるかもしれません。

マネジメントが必要な理由
——NPO はマネジメントというものに対してどういう受け取り方をしているのでしょうか。

島田 もともと教会と同じように、非営利組織でもマネジメントという考え方には疎遠であったと思います。一人ひとりの善意や努力がすべて、という傾向がありましたから。しかし今は、NPO 学会や非営利法人研究学会、国際ボランティア学会などにおいても、非営利組織をどう運営

していくかというマネジメントに関する研究発表が盛んになってきました。やはり、非営利組織が成果を達成して自分たちが考えているミッションを達成していくためには、どのように事業を展開していくか、どのように人が働いてくださるか、そして財務的な基礎づけをどうするかという点がないと立ち行かないのが現実です。そういうことを体系的に考えて、個人の力を超えたものを創造していくためのマネジメントは、私たちに与えられた賜物だと思いますし、活用するようにしていきたいのです。

　キリスト教のミッションは2000年間、まったく変わらないのですが、私たちが仕え、福音を宣教している社会や個人の状況は大きく変わっています。ですから、おそらくイエス様が今の時代におられたら、あのころとは違うやり方をなさるだろうと思います。私は企業の営業マンをやっていましたが、自分たちの持っているものは素晴らしいと説得するだけでは駄目で、顧客のニーズをしっかり捉えておかなければ営業は成り立ちません。教会も社会や人々のニーズをきちんと捉えて、それを教会のミッションと一体化させて提示することが大切です。そこに、2000年変わらない福音の喜びや満足を得ていただけるようにすることが、マネジメントにとって大事な原点ではないかと思っています。

濱野　ミッションとニーズが本来は共鳴するものだというのが信仰ですよね。何をもって人間は満足するのか、何が本当の人間のニーズなのか、それこそ人間とは何か、哲学でいろんなことは言われますが、キリスト者として思うことは、やはり人間とは何かということすら人間自身は知らず、真の人であるイエスの姿から、そしてイエスと共に生きた人々の姿から学んで選び取っているということです。「きっとあれが人間だろうし、あれが本当の満足であろう」と。

　そして、本当に人間を満足させるものは何なのかと言えば、ヘブライ

語聖書までさかのぼる歴史の上に現れて、その社会の人々と共に生きた
イエスの物語の延長線上にあるのだと。このことを、キリスト者は信じ
ているわけです。この可能性にかけて教会を形成し、もしかしたらあな
たにとってもそうかもしれませんよ、ということを訴えている感じです。

——非営利組織と教会の違いは何でしょうか。

島田 教会も非営利組織の一つですが、簡単にいえば、ミッションの中
身が違います。私は、非営利組織であるＹＭＣＡや日本キリスト教海外
医療協力会（JOCS）でマネジメント奉仕をさせていただいてきましたが、
ディアコニア（奉仕）としての働きが前面にあります。もちろん、それ
が伝道につながる可能性ももっています。教会ももちろんディアコニア
を非常に大事にしていくわけですが、そこに伝道の働きがまず託されて
いるといえます。そういうところが、非営利組織一般と教会との大きな
違いです。しかし、マネジメント上の共通点はたくさんあると思います。

——教会のマネジメントが必要だと思ったのはそうした経緯からです
か？

島田 率直に言って、非営利組織も一般的にはマネジメントは優れたも
のではなかったのですが、急速に改善ができてきています。そういう意
味では、教会のマネジメントはまだ意識が十分ではないと思います。ミッ
ションがもっと有効に伝わるように、マネジメントをみんなが理解して
構築していくことが私たちに課せられた課題であり、なおかつ賜物でも
あるのではないかという思いです。

——濱野先生のお話で小さい教会での経験があるとおっしゃっていまし

たが、教会の規模によってマネジメントは違ってくるのか。また、そもそも小さな教会にもマネジメントは必要でしょうか。

濱野　実感として違いはあると思います。数人の礼拝出席者でということであれば、それはマネジメントというよりは「牧会」と呼んできたものでしょうし、それに加えて何か新しいことをすることもないと思いますが、それでも、そこで人と人が向き合い、２人または３人が生きている以上、そして牧師が牧師として立たされている現実がある限りは、その役割は何かということは言葉にしていく必要はあります。聖書のミッションを今は何ほどか現実にさせてもらっていると思えることは嬉しいことです。逆に大きい教会の教会学校や聖歌隊のやり方を真似てみては「あれができてない」とか、あるいはリーダーシップにしても、少人数の場合はそんなに強いリーダーシップはいらないのに、「やはり牧師は強いリーダーにならなければ」と、妙に大きい声を出してみたりするのは、やがて疲れ、むなしくなることかもしれません。

　自分自身を振り返っても、いくつかの教会を見てまわってみても、他の教会をモデルにしてマネジメントやリーダーシップのスタイルを模倣すると、やらなくてもいいことをやっているような徒労感だとか、あるいは、やらなくてはいけないことをやっていなかった、ということが生まれてくるケースがままある気がします。だから、何か新しいことをしなくてはいけない、変えなくてはいけないというのではなく「肩の力を抜いていい」、そして「できることがまだたくさんあるんじゃな

いですか」ということを伝えたいです。

——規模にもよりますが、監督制や会衆制や長老制など、教会の制度によっても通用するかどうか変わってくるような気がします。

濱野 そうですね、こういう議論はバプテスト教会では割と受け入れやすいと思います。そもそも牧師は一教会員であって身分ではなく職の名前ですから、自分の役割は何なのか理解しておかないと、ちぐはぐなことになってしまいます。

——島田さんは違いを意識しますか。

島田 今、濱野先生がおっしゃったように、少人数の場合は阿吽の呼吸なんですね。もちろん一人、二人でも、もう少し多くの人に来てもらうためにはどうしたらいいだろうかとか、高齢の方々に対するさまざまな奉仕のサービスができないかとか、あらゆる面でマネジメントは必要です。それが少し大きくなってくるに従って、できるだけそれを体系的にまとめていかなければいけないのです。

　例えば、夫婦と子どもだけで八百屋さんを経営しているうちは、何となく阿吽の呼吸でやっていたけれども、スーパーマーケットや百貨店になるとそうはいかなくなるのと同じように、組織が大きくなるとより体系的にやらなければならないということです。現在は組織社会と言われ、大きな組織が圧倒的な影響力を持つ社会になってきています。おおよそ組織といえる集団はマネジメントを体系的に意識しているから成果が上がってきていると言えるのかもしれません。

濱野 教会の場合、外的な環境からすれば、どうしても「生産性」は上

がらないというところに、それでも存在し続ける。その際に、その教会だけの責任にしてしまいがちな「構造的欠点」とでもいうものがこれまでのバプテストの場合にはありますが、カトリックは、そういう教会にも人をきちんと送るとか、何か「生産性」を超えることを教会のマネジメントの一環としてやるところが強みです。やはり教派や他教会のリーダーは、小さい教会のことは知らない、というのではなく、そこまで考えておく責任があると思います。

島田　そういう意味では地方に行ったらどこの教会も、たいへん少ない人数で維持しなければいけないですからね。それを今、濱野先生がおっしゃったように地域の教会が協力するとか、そこで共同のつながりができていくということも大事ですね。

濱野　それをも含めてマネジメントで、教派を超えたところでも、エキュメニカルなところでも、共同のつながりが広がっていくことがいいのでしょうね。そのためには、本当にコミュニケーションをきちんととっていく時間が必要だと思います。

「居場所」としての教会

島田　一人ひとりがキリスト教のメッセージに生きる意味を発見し、そこに救いを得ていくことが原点だと思うのですが、同時にこの社会の中で自分の居場所をつくっていくことはとても大事で、私は「居場所」というのが一つのキーワードになるのではないかと思います。

　少し流れを観察してみると、もともと私は会社人間だったのですが、日本の会社は、働いて給料をもらうという経済面だけではなく、会社には仲間・友人といえる人間関係があって、共同生活性があったと思います。ですから、みんなで仕事が終わって一杯飲みにいくと、そこに自分

の居場所があるというのが日本の会社環境でした。社内結婚も多かったのです。

ところが、現在は変わってきまして、会社というところは働きによって役割を果たし、それに見合う給与や処遇を得るところだというアングロサクソン風の合理的なものに段々となってきつつあります。ということは、自分の居場所が失われつつあるというのが今の会社環境ではないかと。会社には人間関係が濃厚な居場所を見つけられなくなってきている。そういう方々こそ教会に来て、生きる意味を見つけ、教会共同体の中で居場所を見つけてほしい。しかも中高年というのは非常に元気だし、ある程度経済力もあるし、自由な時間も増えてくる環境にあります。会社の中に取り込まれていた人間を、考えようによっては教会が吸収し、活動力を期待できるチャンスが拡大してきたとも言えるわけです。そうなれば家族そろって教会に行く期待が生まれます。

しかし率直に言って、教会はそれを実現できていない。居場所を失った会社人間への働きかけが十分ではなく、あるいは他の組織や働きに奪われてしまっている。やはり教会は生きる意味を提示すると同時に、会社人間だけでなく、そこにみんなの居場所があるというのはすごく大事なことだと思っています。

濱野 コイノニアはまさにミッションの中心だと思います。日本の共同体は良さもある反面、悪い意味で言えば、外に対して差別的なところもあります。教会のコイノニアの場合は、イエスがまさにそうであったように、すべての人に開かれて拡大をしていく。教会も人の集まりですし、

日本社会が持っている良さもありますが、しかし日本の教会が変わるポイントはここではないかという気はします。

　一方でただ欧米化するというのでは、下手をすると単なる個人主義になってしまうかもしれません。おっしゃるように、時代の中にあって、教会が持っている可能性はあると思います。ただ、戦前戦後と続いてきた日本社会をそのままにということではなく、開かれた物語の中で移り変わっていくことが大切かなと思います。居場所としても、歴史の時間軸、教会の物語という軸に沿って、自分が何者で、何の流れの中でここにいるのか、どこから来てどこへ行くのか、教会はその物語を与えてくれる場だと信じていますし、教会に行けばそれを体で経験できるんです。でも、それを言葉にしておかないと。

島田　もともと会社もそういうことがありまして、内と外では随分違いがあります。内なる会社のためにはみんな一生懸命働くが、外の社会のことは考えない。だから、昔は会社で問題があっても、内部から告発するということはまずなかった。なぜならそれは仲間を裏切ることで、仲間を裏切ることは社会を裏切るよりも罪が重いからです。今はだんだん会社がクールになってきて「わが社」意識が薄くなってきているので、むしろ社会の正義のために内部告発をすることが増えてきています。それゆえ、訴えられた方もすごく効率がよいのです。何時何分に管理職が集まって倉庫でラベルの張り替えをしています、というような具体的な通報まで来るわけです。昔では考えられないことです。このところ会社の不祥事が増えていますが、実質的に増えているというよりも、内部告発で摘発側の効率が良くなり、メディアでの露出も多くなっているということも言えるわけです。

——それはいいことばかりではないのですか？

島田 仲間の連帯感は失われています。日本の労働者のうち40%近くは非正規の従業員です。この人たちは、正規従業員に比べて給料が6割と言われていますし、いつでも解雇の対象になります。所得や教育の格差が随分開いてきています。そして、正社員と非正規社員の間に壁ができてしまって、あなたは社員、私はたまたまここにいるだけと、仲間になれないのです。そこで、仲間同士の共同性やわが社意識というような日本的経営の良さも崩れているというのが今の現実です。意識調査をしますと、正規社員と非正規社員の意識の格差は明確に出ています。

濱野 日本企業にあった良さは、切って捨てないという点でしょうか。しかし、今の日本は、一度失敗すると「100%ダメな人間」として切って組織の外に追い出しておしまい、という個人主義の悪いところが目立ちます。組織主義と個人主義、両方とも良いところもあるけれど、良いところではなく両方の悪いところばかりが日本では機能しているような気がします。断罪して切って終わりという。ここはもう一歩変わらないと。もちろん、悪いことは今までのようにうやむやにすればいいという時代も終わっていますから、社会でも教会でも、「あの人はあんな人だよ」「あの人だからしょうがないよ」で終わりというのは、もう通用しないでしょう。そこはきちんとしないといけません。でも、それで関係が断絶してコミュニケーションが切れて最後では、細分化しておしまいという気もしています。

島田 日本人の特性というのは、かつてルース・ベネディクトや土居健郎が分析したように、「恥の文化」とか、「甘えの構造」とか、外部に影響され流されるんですね。文化庁の統計によると、日本の神道とか仏教を中心に信じている人は、人口をはるかに超えて1億8千万とか、そん

な数になっているわけです。うまくなじむけれど、私はこれだという主体性がない。そこが、キリスト教の文化や教えとなじまないのかもしれません。「千の風になって」ではありませんが、スピリチュアリティは確実にあるけれど、流されていく。こういうところは、やはり日本人にとって大きな問題点だと思います。ですから先ほど話したように内と外があって、なかなか外のことをしっかり受け入れられないという現実があるのかもしれません。それぞれが主体性をもち、その上で共同することができたらいちばんいいと思います。

濱野　それは大テーマですね。個を強める共同体であり、共同体を強める個である。個がお互いお互いを立たせるという。

島田　それを教会ならできるのではないかと。1886年に、私は『日本的経営の再出発』という本を書きました。日本的経営が、機能だけではなく人間としての仲間意識をもって仕事をすることで素晴らしい成果を上げていると。現実に目覚ましい成果を上げていましたから、日本的経営というのは世界的にも大変なブームでした。でも同時に、主体性の欠如こそ、日本的経営が再出発しなければならない課題だと指摘しました。今でも同じことが言えます。

濱野　そうですね。この課題は過ぎ去ってはいないと思います。

島田　教会には主体性に乏しい信者も多いと言われます。苦言ばかり呈しているとか、主体的に礼拝に参加して活動に加わることが欠けているといったことも言われますね。

濱野　そういう教会形成を、教会も牧師もしてきたのだろうと思います。

教会を問い直すツールとして

島田 先生はそういう意味で、マネジメントを含めて、何が教会の働き
に関する喫緊の課題だと思っていらっしゃいますか。

濱野 単純に言うと、教会に生き生きしてほしいですね。誰かにやらさ
れているのではなく。歴史の中で、世界の中で、グローバリゼーション
とナショナリズムの中で、良くも悪くも日本の物語と、キリスト者であ
れば聖書の物語と合わせながら、自分がどこに立っているか、自分はそ
もそも何者なのかと今までの歩みを振り返りつつ、自分らしく教会は教
会であり続けること。イエスの物語をきちんと生き続けること。少し立
ち止まり、このことを一度言葉にして整理してみる。マネジメントはこ
ういうときのツールとして、とても役立つと思っています。各教会が一
度立ち止まって考えてみて、それは聖書の物語とどう関係しているだろ
うかと、原点から問い直してみることで元気になると思います。元気と
いうのは単に声が大きくなるというようなことではありません。ああ生
きていて良かった、これからも生きていこうと思えるようになったとき、
初めて世界も日本も、ゆるされるならば変わり始めていくだろうという
希望を持っています。

島田 教会もキリスト教系組織も環境を嘆いたりするのではなくて、積
極的に前を向いて努力することが大切だと思います。
　特に若い方々が減ってきています。みんな多様で世俗的なことに関心
が向いているというのは確かですが、どうしても若い方々に福音が伝わ
らなければいけないと思っています。キリスト教主義の学校というのは
日本の教育のなかでずいぶん大きい比重を占めています。しかし、肝心
のミッション性を薄めている教育機関が多いことは否定できないと思い

ます。先生の言葉でいう「神学なき方法論」になってしまい、どうした
ら学生が集まるかという方法論に必死になっているところがあります。
一流広告代理店が入って、そういうことを手助けしているのでしょう。
受験生に魅力ある情報を提供することは悪いことではありません。しか
し根本には、ミッションを貫いていく芯があって、ミッションがあるか
らその学校は魅力があると心しなければいけないし、そのためにもっと
教職員がミッションを理解しなければいけないと思います。キリスト教
主義学校は、ミッションを伝達しようという気持ちがとても希薄化して
いると思います。それが一つ。

　もう一つは、エキュメニカルな協働。第1部でも触れましたが、芦屋
市で、人口は約10万人、そこに10個の教会があります。カトリック、
聖公会、教団がバプテスト系も含めて五つ、改革派、福音派が二つ。有
志の教職者と信徒が集まり、芦屋キリスト教協議会を立ち上げ、イース
ターとクリスマスには「みんなで教会に行こう」とキャンペーンを展開
しています。ときに、市内全世帯に新聞折り込みをしています。10教
会の場所や電話と礼拝時間を市内地図に記載し、QRコードを付したパ
ンフレットを配布しています。プレイースターでイベントとしてコン
サートと講演会を開催し、夏の平和の祈り、そしてクリスマスキャロル
もみんなで集まってやっています。去年は各教会から130人ぐらいの人
が集まりました。日本はクリスチャンが少ないから、あまり何派が教派
がということではなくて、みんながここは共通でいけるという合意の原
点に立って、協働していくことは非常に大事なことではないでしょうか。
そういう意味で、この試みが一つの実験になったらいいなと思っていま
す。

濱野　そうですね。しかも上からではなく、地元の、足元からの。それ
は強みだと思います。そして、集まりが個を生かし、個が集まりを生か

178

す形で、違いを尊重しながら、違いを豊かさとして喜んでいけるような。それぞれ聖書理解もきっと違うだろうと思いますが、でも、違うままでお互いに相互批判をすればいい。そういう意味で一つの集まりができていく。あるいは答えを出さずに併存していく。そういう場がとても大切ですね。それも、それぞれの中に、一人ひとりの中に、マネジメントの感覚があるとうまく進むかなとは思います。リーダーシップというのは一人のリーダーが全部まとめるわけではなく、みんながリーダーシップを持っていくという必要があります。その感覚が一人ひとりにあれば、自分はこういう立ち振る舞いをしようとか、理解できるときにお互い良いものができていくと思います。

島田　代表は決まっているのですが（代表・副代表で5人）そこで原案を練り、随時開催される協議会を最高決定機関にしています。これはオープンですが、各教会から毎回20人くらい集まって、決定し実行していきます。そのメンバーから各教会に呼びかけ広報されていきますので効果的です。

濱野　外からの立場でコンサルタント的に教会はこうしたらいいよと言ってくれる方が必要だと思うんですね。企業だとコンサルタントやアドバイザーがいますが、教会は神学校を出たら牧師にすべて任せてしまう。

島田　信徒に依存心が根付いてしまったり、教職者がワンマンになってしまっても、マネジメントは限界が出てしまいますね。

濱野　自分の姿は鏡がないとわからないですよね。鏡になってくれる存在が外にいてくれることはありがたいことです。中に入ってしまうとわからないので。

教育現場での実践

島田　西南学院大学では、マネジメント系の授業はなさっていますか？

濱野　「教会形成論」という名前で、大学院とか卒業前にやりますが、例えば教会が規模や地域、田舎か都会かで変わってくるということもありますし、ただ理論で聞いても、実際にその教会に立ってみないと何か実感できないということもあります。もちろん理論として授業はありますが、あとはやはり現場に出て、時々それに対してお互いに客観的に分析し合えるような関係や、あるいはそういうセンターがあればいいのですが。バプテスト連盟の場合は、宣教研究所というところでその仕事をしています。ただ、地域ごとでそういうお互いの関わりがあると良いのではないかと思います。

島田　今、関西学院大学神学部では卒業後5年、10年の教職者のセミナーが始められていますが、こういう機会は一つの刺激になります。地

方に出ていたら、それなりに安定して刺激が少ない。本来はいつも前進していないといけないと思います。企業は、ちょっと油断すると暗転してしまいます。どれだけ一所懸命にやっても、この前はうまくいったと思っていても、ちょっと油断すると暗転する、そういう世界です。教会も緊張感をもつことは必要なのかもしれません。そのためにはリーダーシップが必要です。企業では給与や処遇という大きな刺激がありますが、教会ではみんなが強制や義務ではなくて本当に自分が喜びから奉仕するという気持ちを生み出すのもリーダーシップだと思います。

濱野 信頼関係の中で運動として続けていけるのが理想でしょうね。そして、ある程度のツールや方法論、あるいは数や教会の歴史などが調べられているデータ、ある程度同じフォームを使って違う教会の人たちで集まって考察し合うときに発見されるさまざまなもの、それらを共有できる場所が、強制ではなく自発的に起こってくれればいいですね。

教会を「閉じる」という選択
——濱野先生は連載の中で、教会を「閉じる」決断をすべきときもあると言っていましたが。

濱野 自分の人生と同じですが、うやむやにではなく自分の思いと考えで閉じるときには閉じていく。それが最後まで教会であり続けるということだと思うのです。気がついたらなくなっていたというのではなく。もちろん、教会論は教派によりますから、これはバプテストだから言えることなのかもしれません。ただ、バプテストの中にも、こういうことを私が言うと、キリストの体がなくなってもいいのかというような反発はあります。しかし、それまでの教会の歴史が消えるわけではないし、その人たちの信仰の歩みが消えるわけでもない。そこ

から先もずっと続くわけで、最後は神の国に全員が集められていくならば、何も今ここでキリストの体が消え去ったなどと悲しむ必要はなくて、むしろ自分たちで何をするか決めることで最後までキリストの体であり続けるのです。

　教会を閉じる際にはさまざまな理由があります。時代的な使命を終えるということもあるでしょうし、中身をいくら考えても外的環境がそうであるならば形を変えざるを得ないときもあるでしょう。ただそのときに、できれば自分たちで言葉にして、自分たちの思いで行動していく。終末期医療（ホスピス）のように、そのときに最後まで自分らしく生きると。もちろん、ここから延命を選ぶという決断をしてもいい。外国から移住してきた人たちと一緒に新しい群れを作るとか、いろいろな方法があると思いますが、それを選ばないでただ漠然と生きているのではなく、自分として生きているんだということを言葉にしていけたら、教会が最後まで教会らしくいられるのではないかと思います。

　もちろん、地方の小教会がなくなるのは仕方がないことだと都会の大教会が無責任に言っていい話ではありません。地方の教会の声を聞いて、どういう協力ができるか取り組みを尽くしていく中でのことです。そして数だけの話ではなく、例えば沖縄に教会があって、そこで基地のことに取り組んでいるとしたら、結果だけ見れば厳しいとしてもそこに意味はあって、都会の教会も本来自らの問題、責任として行動する、「支援」をし続ける、「連帯」をする。そこから逆に豊かな教会とされて、私たちも教会であるのだという喜びをいただくことができるのではないでしょうか。このことは、なくなるかもしれない諸教会だけの課題ではなく、すべてのキリストの体を名乗っている教会の課題ではないかと思います。

島田 ほとんどの日本の教会は、高齢者から小さな子まで全役割を網羅しようとしています。CSと言えば、今日は誰も来なかったという状況があったとしても、それでもやるわけです。これはもう少し特徴を持たせなければいけないかもしれません。例えば、この教会は高齢者が来やすい教会、ここは幼稚園があるので子どもたちがたくさん来ている教会、そういう特徴を持っていく。これが事業展開の、マーケティングの用語を使うと戦略です。しかし残念ながら、どの教会も同じような仕事をしているのが一般的現実です。

　そういう状況の教会は統合も考えられていいと思います。組織というのは、積極的な統合があって、そこで自分たちの特徴を出していくことも選択肢です。あそこは音楽がすごく楽しいとか、あそこは高齢者がいっぱいいて楽しいとか、あそこは平日でもいろいろやっているとか、それぞれ特徴を持って、それらの教会がみんな協働するというのは大事なことかもしれません。その場合、教会同士の信頼できるネットワークが強く期待されますね。

濱野 多様な個性があるのは大事なことだと思います。そして合併していく場合でも、どうしても組織として立ち行かないからというよりは、私たちの教会はこれがミッションのフィールドで、こちらの教会はこれなのだと。もしもそれを同じくする教会があるなら、一緒にできるじゃないかと。こういうことが言葉で整理できていると、仲間になるか否かという感情論ではなく、教会として一つになれる道も開けていくと思います。そういう意味でも、まずは自分の教会のことをマネジメントというツールを使って言葉で整理しておくことは意味のあることだと思います。

——貴重なお話をありがとうございました。

あとがき

　本書は経営学者であり、経営コンサルタントとして長い実績のある島田恒氏と、末席の神学の徒であり、教会で牧会の経験もある濱野道雄の共著です。イメージとしては、一つの山にトンネルを開けようと、第1部では経営学側から掘り進め、第2部では神学側から掘り進め、どこで出会うことができるのかを試みた書と言えるかもしれません。

　島田氏の経営学の著書を、私は彼がキリスト者かどうかを知らないときから興味深く読ませていただいておりました。当時私は日本バプテスト連盟宣教研究所で働いており、教会の働きをどのようにとらえるべきか考えておりましたが、日本語で手に入る本は教会員数や献金額による分析ばかりで、本当に知りたい問いに答えるものを見つけることができなかった時期です。その中、いくつもヒントを与えてくれたのが島田氏の著書でした。今回、このように共著を発行することが許され、感謝する次第です。

　その後2005〜07年に、カリフォルニア、バークレーの太平洋神学校で「教会研究」（Congregational Study）を学ぶことが許されました（上記宣教研究所の「職務」としての留学で、感謝しています）。方法論なき神学でも神学なき方法論でもない、この「教会研究」を具体的に日本の教会に当てはめて考えてみたらどうなるのか（その調査の際に日本バプテスト連盟宣教部にはたいへんお世話になりました）、キリスト新聞社『Ministry』誌に2012〜15年、「教会アドミニ研究所」として連載させていただきました。本書の第2部は基本的にこの連載をまとめたものです。連載では、教会は宣教を「なぜ」「誰に対して（誰と共に）、どこで」「何を」「どのように」行うのか、という問いの順番で記していきましたが、今回まとめるにあたり、必ずしもその順

にはしませんでした。ただ、第1章は「なぜ」「何を」、第2章は「誰に対して（誰と共に）、どこで」、第3章は「どのように」に、主に対応しています（なお聖書からの引用は基本的に新共同訳からしてありますが、他の翻訳からも自由に引用してあることをお許しください）。

　連載終了後から現在まで、私自身の考え方が少し変わってきたところもあり、本書にもある程度反映させたつもりですが、限界もありますので、ここに2点だけ記しておきます。

　一つは、教会を物語としてみる視点が現在はより強くなったことです。組織論的にはナラティブ・アプローチによって教会を理解する視点とも言えるでしょう（大学の同僚であった経営学者、宇田川元一氏の助言に感謝します）。本書ではまだ世界教会協議会（WCC）で戦後に主流であった「コイノニア」「ディアコニア」「ケリュグマ」という「一定の枠」で考える傾向が強いのです。ボッシュが1991年に記した『宣教のパラダイム転換』はすでにこの枠を越えようとしていますが、「その先」に何があるのか今一つ明確ではない中で、近代（モダン）も経ていないのに近代後（ポストモダン）を求めるのは危険ではないかとの思いから、連載時にはあえて旧来の枠にまずはこだわってみました。今もその否定はしません。例えばWCC世界宣教伝道委員会の21世紀における宣教論を総合した文書『いのちに向かって共に』（2013年）においても、「宣教の霊」を述べた後に、ディアコニアに対応するような「解放の霊」、コイノニアに対応するような「共同体の霊」、ケリュグマに対応するような「ペンテコステの霊」が述べられています。ただその宣教の方向は「中心」からではなく「周縁」からと位置付けられています。そうしますと、「その先」に一つの模範的解答を求めるのではなく、聖書の物語の次の1ページを、具体的な一つひとつの教会の物語を聞き取り、終末の物語の前にいかに書き込むのかを考える、そのような方法としてのナラティブ・アプローチが重要になるのでは

ないか。そうすることで「教会（私たち）は何をするのか」だけではなく「教会（私たち）は何者なのか」をより言葉にできると今は思っています。

　もう一つは、上に記した視点から言えば、教会は「もう一つの世界」となり続ける場であり、希望の物語を語るマイノリティのハブ（決定権から現状では遠ざけられている少数者の出会いの場）と思うようになったことです。神の国を待ち望み、その先取りを試みる場としての教会は、この世界のマジョリティ（決定権を現状で持つ多数者）に対しては「もう一つの世界」となり、言い換えればこの世界の多様なマイノリティの交流が起こる場になるということです。そこでは教会とその価値を共有するNPO、あるいは他宗教との違いが実際にはなくなる瞬間すらあるでしょう。教会の物語は、教会外の物語と合流もするのです。ではその教会の独自性は何かと言えば、つまりNPOとの違いをあえて言えば、先に進み続ける、結論が終末の希望に開かれた未決の物語を常に語り続けていることと、よって時代的使命を柔軟に変えていけるということでしょう。本書ではまだ、「教会が変わらぬ何かを持っており、それを世界に届ける」という枠から抜け出せていないと感じさせる表現があるかもしれません。その際は、「もう一つの世界」の文化としてのケリュグマ、その経済としてのコイノニア、その政治としてのディアコニアと、本書で使われる言葉を読み取ってくだされればと願います。

　本書は『Ministry』の読者層と同じ、牧師や執事・役員の方々が読んでくださることを念頭に書きましたが、主体的に教会で生きようとしていらっしゃるすべての方々に読んでいただければと願います。特に、教会で新しいことをしようと提案するものの「教会の伝統になじまない」とはね付けられ元気を失いそうになっている神学校の卒業生たちに、また地方の小教会で無力さを覚える30年前の私と同じよう

な牧師の方々に捧げます。

　そして本書に記したことはツールにすぎません。ツールは使わなければ何の意味もありません。ここに記したツールの一つでも、二つでも、実際に教会で使ってみる、話題にしてご自身の教会を振り返ってみる。そうしていただけるならば、これ以上の喜びはありません。

　み国が来ますように、平和の君の名で祈りつつ。

2020 年 1 月　　濱野 道雄

さらに考えたい人へのブックリスト

宣教論

- デイヴィッド・ボッシュ（東京ミッション研究所訳）『宣教のパラ
  ダイム転換』（新教出版社、上巻 1999 年、下巻 2001 年）

  「教会は何をするのか」、つまり宣教論の定番教科書。コイノニア・ケリュ
  グマ・ディアコニアといった枠を考えるにはD・ゼレ（三鼓秋子訳）『神
  を考える——現代神学入門』（新教出版社、1996 年）も、クラッシックな
  がら良い。

- 東方敬信『文明の衝突とキリスト教——文化社会倫理学的考察』（教
  文館、2011 年）
- 越川弘英編著『宣教ってなんだ』（キリスト新聞社、2012 年）
- 世界教会協議会世界宣教・伝道委員会、信仰職制委員会編（村瀬
  義史訳）『いのちに向かって共に／教会——現代世界エキュメニカ
  ル運動における二大重要文書』（キリスト新聞社、2017 年）

  日本と世界の過去、現在、未来のコンテキスト中で、教会は何をするの
  かを考えるために、挙げればきりがないものの、まずは押さえておきた
  い本から3冊。

非営利組織の経営

- P.F. ドラッカー（上田惇生他訳）『非営利組織の経営——原理と実践』
  （ダイヤモンド社、1991 年）
- 島田恒『新版・非営利組織のマネジメント』（東洋経済新報社、
  2009 年）
- 島田恒『「働き盛り」のNPO——ドラッカーに学ぶ「真の豊かさ」』（東
  洋経済新報社、2015 年）

ドラッカーは『断絶の時代』（1969年）において、非営利組織の重要性を指摘、企業経営での研鑽を活用しつつ、非営利組織の経営に向き合った著作を上梓した。島田は、先行文献を踏まえつつ、実践書として『非営利組織のマネジメント』を上梓、新版で加筆した。『「働き盛り」のNPO』は、社会分析視点を加え市民啓発書として上梓されている。

教会形成論

● 八木谷涼子『もっと教会を行きやすくする本──「新来者」から日本のキリスト教界へ』（キリスト新聞社、2014年）
● 第6回日本伝道会議「日本宣教170 ▶ 200 プロジェクト」編著『データブック 日本宣教のこれからが見えてくる──キリスト教の30年後を読む』（いのちのことば社、2016年）

まず、教会の外でも中でも通用する「事実」を知ることから始めるのは大切。

● ゲーリー・L・マッキントッシュ（松本雅弘訳）『サイズ別に分析する教会形成の方策』（いのちのことば社、2009年）
● リック・ウォレン（河野勇一監訳）『5つの目的が教会を動かす』（いのちのことば社、2012年）

これらの本の神学に筆者（濱野）はそのすべてを同意するわけではないが、完璧な神学などどこにもない。どんな本でも（この『教会のマネジメント』も！）批判的に、主体的に読まなければ「使えない」。その上で、やはり巧みに考えられていると言うべきこれらの本は、批判的に読めば高度なツールを与えてくれると思う。

しまだ ひさし
島田　恒

1939 年兵庫県生まれ。神戸大学経済学部卒業後、株式会社クラレ入社。営業部長を務め90 年に独立、島田事務所を設立。龍谷大学・大阪商業大学経営学部教授を経て現在、関西学院大学神学部客員講師。経営学博士。YMCA 同盟、キリスト教海外医療協力会など多数の NPO に協力。日本基督教団芦屋西教会員。著書に『NPO という生き方』(PHP 新書)、『新版 非営利組織のマネジメント』『「働き盛り」の NPO──ドラッカーに学ぶ「真の豊かさ』(いずれも東洋経済新報社) など。

はまのみちお
濱野道雄

1965 年広島県生まれ。上智大学学部・大学院 (修士)、西南学院大学学部・専攻科で神学を学ぶ。ドイツ・ハイデルベルク大神学部博士課程 (新約聖書学)、アメリカ・太平洋神学校 (牧会学博士) に留学。日本バプテスト連盟宣教研究所所長、日本バプテスト連盟東日本大震災被災地支援委員などを歴任。現在、西南学院大学神学部教授、日本バプテスト連盟鳥栖キリスト教会協力牧師。共著に『宣教ってなんだ？──現代の課題と展望』(キリスト新聞社)、『なぜ「秘密法」に反対か』(新教出版社)、『ゴスペルのぬるしをあげて』(いのちのことば社) など。

装丁　吉林　優

教会のマネジメント　明日をつくる知恵

2020 年 1 月 24 日　第 1 版第 1 刷発行　　©島田恒、濱野道雄 2020

著　者　島田　恒／濱野道雄
発行所　株式会社　キリスト新聞社
〒162-0814　東京都新宿区新小川町 9-1
電話 03(5579)2432
URL. http://www.kirishin.com
E-Mail. support@kirishin.com
印刷所　モリモト印刷

ISBN 978-4-87395-772-2 C0016 (日キ版)　　Printed in Japan